W0212799

Rosmarie Kärtner

TarAstro

Ihr Leben auf einen Blick

Rosmarie Kärtner

TarAstro

Ihr Leben auf einen Blick

Die effektive Kombi-Methode
aus Astrologie und Tarot

Set mit Buch,
Rider-Waite-Tarotkarten
und Legeplan

Bauer
Verlag Hermann Bauer
Freiburg im Breisgau

Die Deutsche Bibliothek

Ein Titeldatensatz für diese Publikation ist bei
Der Deutschen Bibliothek erhältlich

Lektorat und Redaktion: Martina Klose

1. Auflage 2002
ISBN 3-7626-0876-8

Umschlag u. Layout: Reinhold Geyersberger, www.vectordesign.de, Freiburg i. Br., unter Verwendung zweier Fotos © 1971 by U.S. Games Systems, Inc. (s.o.)
Satz: Fotosatz Pfander, Freiburg i. Br.
Druck und Bindung: Kösel GmbH & Co. KG, Kempten
Printed in Germany

Alles hat seine Stunde, und es gibt eine Zeit
für jegliche Sache unter dem Himmel:
Eine Zeit für die Geburt und eine Zeit für das Sterben,
eine Zeit zu pflanzen und eine Zeit das Gepflanzte auszureißen,
eine Zeit zu töten und eine Zeit zu heilen,
eine Zeit einzureißen und eine Zeit aufzubauen,
eine Zeit zu weinen und eine Zeit zu lachen,
eine Zeit zu klagen und eine Zeit zu tanzen,
eine Zeit Steine wegzuwerfen und eine Zeit Steine zu sammeln,
eine Zeit zu umarmen und eine Zeit sich der
Umarmung zu enthalten,
eine Zeit zu suchen und eine Zeit zu verlieren,
eine Zeit aufzubewahren und eine Zeit fortzuwerfen,
eine Zeit zu zerreißen und eine Zeit zu nähen,
eine Zeit zu schweigen und eine Zeit zu reden,
eine Zeit zu lieben und eine Zeit zu hassen,
eine Zeit des Krieges und eine Zeit des Friedens.

(Prediger 3, 1–8)*

** in der Übersetzung von Vinzenz Hamp, Meinrad Stenzel, Josef Kürzinger*

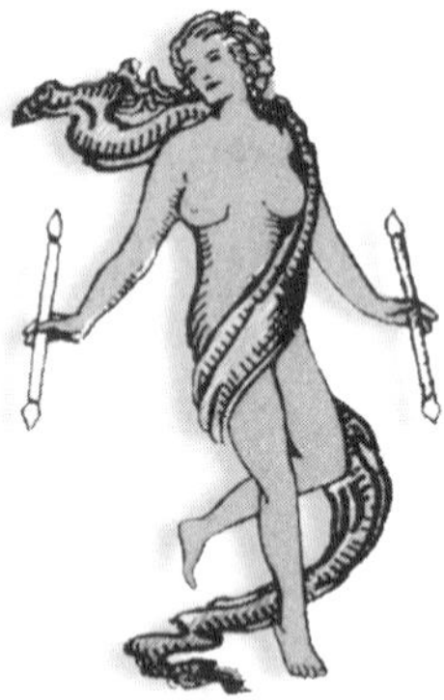

Inhalt

3. Und so wird's gemacht! 109

Ein paar Worte zum Schluss ... 129

Anhang 133

Vorwort

Die Qualität unserer Zeit

Viele Menschen stehen mittlerweile auf dem Standpunkt: Es bringt uns nicht weiter, den »Heilsversprechern« zu folgen und unmündig zu bleiben. Vielmehr ist es an der Zeit, Folgendes zu erkennen: Einen Zugewinn an Freiheit erfahren wir, wenn wir selbst denken, uns nicht mehr auf Vorgedachtes verlassen.

Aufgrund der unbegrenzten Möglichkeiten, welchen Lebensweg wir einschlagen sollen, wollen oder können, wird die Orientierung für den einzelnen Menschen immer schwieriger. Die wachsende Informationsflut und die immer intensiver werdenden Umweltreize machen es dem Menschen heute nicht leichter, seinen Weg zu finden. Immer sind wir gezwungen, aus einer Vielfalt zu wählen. Wählen wir das eine, so werden wir zwangsläufig auf das andere verzichten müssen. Das Abwägen, bevor wir uns zu etwas entschließen können, kostet Zeit und Energie. *Entscheidungen zu treffen würde uns leichter fallen, wenn es uns gelänge, uns als Menschen ganzheitlich zu betrachten.* Unser rationalistisches Denken vergisst nur zu oft, dass der Mensch nicht allein aus Körper und Geist besteht – der zentrale Bezugspunkt ist und bleibt: unsere Seele.

Arthur Schopenhauer formulierte es folgendermaßen: »Lieber Gott, wenn es dich gibt, rette meine Seele, wenn ich eine habe.« Und für mich drückt das aus, wie wenig der Großteil der Menschen in unserer westlichen Kultur seine Seele, das Seelenleben tatsächlich ins Leben integriert. Wir leben im Kopf, schweben in unseren geistigen

Vorstellungen, in einer virtuellen Welt. Möglichst schnell, direkt und natürlich ohne Leid wollen wir unser Lebensziel erreichen. Der Schlüssel zur Veränderung unserer Lebenshaltung liegt darin, dass wir die Dreiheit von Körper, Geist und Seele erkennen und annehmen – nicht nur gedanklich, sondern vor allem auch in der Lebensführung.

Eine unter dem Namen Hippokrates überlieferte Schrift sagt: »Wenn du nicht bereit bist, dein Leben zu verändern, kann dir nicht geholfen werden.« Die Voraussetzung dafür ist aber auch, dass wir uns sehen, wie wir (jetzt) sind, und nicht, wie wir gern sein möchten. Wichtig ist außerdem, dass wir Folgendes begreifen: *Alles, was wir tun, hat Auswirkungen.* Aus bioenergetischer und biophysikalischer Sicht stehen alle Dinge miteinander über Schwingung in fortwährender Verbindung. Auch der Mensch hat – wie alles andere – seine eigene Schwingung, vergleichbar einem elektromagnetischen Feld. Schwingungen manifestieren sich als Schall, Farbe, Licht und Form. Die dichteste Form von Schwingung ist, was wir mit unseren fünf Sinnen erfassen können, das heißt sehen, hören, riechen, schmecken oder berühren können. Diese verschiedenen Arten von »Feldern« stehen miteinander in Beziehung, sind vernetzt, obwohl sie ihren eigenen Rhythmus haben. Schon die kleinste Veränderung in einem dieser Felder überträgt sich auf die anderen und breitet sich in den Kosmos hinein aus. Und so wirken auch unsere Gedanken, Worte und Werke und wir sind für sie verantwortlich. Alles, was um uns herum geschieht, steht zu uns in Resonanz. Wenn ich mich also wandle, verändere ich auf eine ganz subtile Weise gleichzeitig mein Umfeld. Veränderungen, die ich mir gewünscht habe, können und werden kommen, denn: *die Materie folgt dem Geist.*

Eine Wende im Leben stellt sich dann ein, wenn es uns gelingt, den Zugang zur rechten Gehirnhälfte zu aktivieren. Hier sitzt nämlich das intuitiv-ganzheitliche Denken, während die linke Gehirnhemisphäre für das rational-analytische Denken zuständig ist. Geben wir unserer rechten Gehirnhälfte mehr Raum, so finden wir mehr und mehr Zugang zu unseren Seelenbedürfnissen. Solange aber die rational-analytische Seite eindeutig die stärkere Wertschätzung genießt, fällt es den Menschen schwer, sich aus eigener Einsicht der Entwicklung der Intuition (also der rechten Hemisphäre) zuzuwenden. Sie ist es, die nach Verbindung, nach einem ganzheitlichen Weltbild sucht. Hier ist der Maßstab Qualität, nicht Quantität. Und das spüren wir in zunehmendem Maße: Wir brauchen nicht noch mehr von allem – was uns fehlt ist Qualität, Lebensqualität. Die Götzen unserer Zeit sind Freizeit und Geld. Und bei beidem ist *immer noch* das Wichtigste, wie viel wir davon haben, nicht wie gut wir sie nutzen. Der Schrei nach: »Mehr!« ist noch nicht verhallt, obwohl wir allmählich, bildlich gesprochen, in »Müllbergen« ersticken – und das sowohl auf der materiellen als auch auf der geistig-kommunikativen Ebene. Umdenken ist dringend notwendig!

Das rational-analytische Denken, die Welt der Wissenschaft soll hierbei jedoch nicht verdrängt werden. Es muss allerdings mit dem intuitiv-ganzheitlichen gleichrangig zusammenfließen, zu einer Synthese kommen. So wird sich eine unendliche Vielfalt neuer Möglichkeiten der Problemlösung auftun.

Mit *TarAstro* biete ich Ihnen ein System an, das den Schlüssel zu Ihrer rechten Gehirnhälfte bereithält: Sie lernen, Ihrer Intuition zu vertrauen, die Yin-Qualität (siehe Seite 81) in Ihrem Leben verstärkt zuzulassen, um den Zugang zu Ihrer Seele, zu Ihrer Ganzheit, zu Lebensqualität und Lebenssinn zu finden. Nachhaltige Veränderung im Leben kann nur erreicht werden, wenn Sie wirklich bereit sind, *sich selbst zu verändern.* Und genau hierbei unterstützt Sie *TarAstro*: Diese von mir entwickelte Methode stellt eine Verbindung von Astrologie und Tarot dar. Sie aktiviert durch die Arbeit mit den Karten Ihre Intuition, den Zugang zum menschlichen Urwissen; das astrologische Häusersystem dient dabei als Matrix für den menschlichen Entwicklungsweg. In kürzester Zeit sehen Sie klar und deutlich, was die Situation ausmacht, in der Sie sich gerade befinden, und entdecken Hinweise, wie Sie diese verbessern können.

Folgende Geschichte macht deutlich, dass wir uns viel Zeit und viele Umwege ersparen können, wenn es uns gelingt, im wahrsten Sinne des Wortes bei uns selbst zu bleiben.

Grab bei dir

In Krakau lebte vor Zeiten ein armer Schneider, der hieß Eisik. Dem träumte eines Nachts, er solle nach Prag wandern und dort, an der Brücke über der Moldau, solle er graben, er würde dann einen Schatz finden. Weil ihm das dreimal hintereinander träumte, packte er das kleine Bündel seiner Habseligkeiten und wanderte los.

In Prag, an der berühmten Brücke mit ihren Statuen links und rechts und der goldenen Burg auf der anderen Seite des Stromes, sah er sofort, dass er doch hier unmöglich graben könne. Da herrschte auch vor zwei Jahrhunderten, als diese Geschichte spielt, reger Verkehr. Kaufleute zogen mit ihren Wagen, Hausfrauen mit Krügen auf dem Kopf, Bauern mit Früchten und mit Gemüse über die Brücke, und an beiden Enden wachte ein Hauptmann mit seiner Garde. »Was würden die Leute sagen, wenn ich hier zu graben anfinge?«, fragte sich Eisik und machte sich Sorgen, dass er den weiten Weg umsonst gewandert sei.

Weil er aber nicht so schnell wieder nach Krakau zurückkehren wollte, kam er jeden Tag an die Brücke und überlegte: »Wo mag denn mein Schatz liegen? Gesetzt den Fall, ich könnte hier graben, wo würde ich das tun?«

Allmählich fiel das der Wache auf. Schnell war Eisik eingestuft als verdächtiges Subjekt, quasi als »Terrorist« des 18. Jahrhunderts. Eines Tages herrschte der Hauptmann den Schneider an: »Was treibst du dich hier herum? Wir beobachten dich schon tagelang. Scher dich gefälligst fort!«

Darauf erzählte Eisik seinen Traum. Der Hauptmann lachte: »Wo kämen wir hin, wenn wir Träumen trauen würden? Mir zum Beispiel träumt nun schon tagelang, ich solle nach Krakau wandern und dort, unter dem Ofen eines armen Schneiders namens Eisik solle ich graben. Ich würde dann einen Schatz finden.«

Eisik fühlte sich wie vom Blitz getroffen, verneigte sich tief, bedankte sich, lief zurück nach Krakau, nahm die Steine unter seinem Ofen fort, grub dort und – da lag der Schatz.

Später, als Eisik der berühmte und heilige Rabbi Eisik des Chassidismus geworden war, erzählte er oft diese Geschichte, und jedes Mal, wenn er das tat, fügte er an: »Grab nicht woanders, grab bei dir.«

Für Ihre Arbeit mit *TarAstro* wünsche ich Ihnen, dass die Einsichten für gute Aussichten wie Sternschnuppen am Himmel aufleuchten … und viel Freude an den kommenden Veränderungen und Leichtigkeit im Umgang mit all dem Neuen, das Ihr Leben bereichern wird!

im Sommer 2002 *Rosmarie Kärtner*

Einführung

Aus Tarot, einem Kartenspiel, und Astrosophie, der Weisheit der Sterne, habe ich *TarAstro* entwickelt. Es handelt sich dabei also um eine Kombination aus zwei uralten Weisheitssystemen.

Tarot spricht hierbei die »Sprache der Gefühle«, denn die auf den Karten festgehaltenen Bilder sind mit unserem Unbewussten assoziativ vernetzt. So können wir über Tarot zu unserem Unbewussten, zu unseren geheimen Wünschen und Sorgen Kontakt aufnehmen, mit ihm kommunizieren. Das Urwissen der Menschheit, alles, was uns Menschen gemeinsam ist, die Urprinzipien, das Archetypische, ist in diesen Bildern festgehalten und über sie finden wir direkten Zugang zu unserer Seele, zu unseren Gefühlen. Symbole erinnern uns an etwas in uns, das uns den Weg weist, uns zu neuen Lösungen führt – ähnlich wie Märchen das tun.

Was wissen wir über die Geschichte der Karten? Mitte des 15. Jahrhunderts, zu der Zeit, als die ersten Spielkarten in Europa auftauchten, malte Bonifacio Bempo einen Satz Tarotkarten für die Familie Visconti in Mailand. Diese Karten wurden als unterhaltsames Gesellschaftsspiel verwendet. Im 18. Jahrhundert dann behauptete ein Okkultist namens Antoine Court de Gébelin, Tarot sei die bildhafte Umsetzung des geistigen Erbes des altägyptischen Gottes Thot, quasi ein Relikt des »Buches Toth«. Im 19. Jahrhundert brachte Eliphas Lévi die Karten der großen Arkana (siehe Seite 58) mit der Kabbala, dem System jüdischer Mystik und okkulten Wissens in

Verbindung. Die Kabbala beschäftigt sich unter anderem sehr tiefgründig mit der Symbolik des hebräischen Alphabets (die 22 Trümpfe des Tarot sollen hier den 22 Buchstaben entsprechen) und den vier Buchstaben des unaussprechlichen Namens Gottes YHVH (im Tarot haben wir vier Farbreihen und vier Hofkarten; siehe Seite 81 und Seite 85). Die Kabbala arbeitet ebenfalls mit der Zahl Zehn, den zehn Geboten und den zehn Sephiroth (Stufen der Emanation) (im Tarot haben wir von den vier Farbreihen je zehn Zahlenkarten; siehe Seite 94). So entstand die Vermutung, dass der Tarot die bildliche Darstellung der Kabbala sei. (Hier möchte ich Ihnen Marlies Burghardts Buch Tarot und Lebensbaum zur Lektüre empfehlen; siehe unter »Büchertipps« Seite 133.) Ob Bempo nun seine Tarotkarten bewusst oder rein instinktiv so geschaffen hat – wir wissen es nicht. Die Bilder ziehen uns in jedem Fall in ihre geheimnisvolle Welt hinein, die letztlich nicht rational erfasst, sondern nur erfahren werden kann. Es steht außer Frage, dass Millionen von Menschen diese Methode zur Selbstergründung nutzen und auf diese Weise wichtige Erkenntnisse über sich selbst und ihr Leben gewinnen.

Eine Vielzahl von unterschiedlichen Tarotspielen ist heute auf dem Markt erhältlich. Ich verwende für TarAstro die Rider-Waite-Tarotkarten, die im Jahr 1910 erschienen sind. Edward Waite, ein Mystiker, der sich mit Magie und esoterischen Praktiken beschäftigte, war aufgrund tiefer Erleuchtungserfahrungen davon überzeugt, dass seine Bilder die wahre Bedeutung der Karten wiedergeben. In meiner Arbeit erlebe ich immer wieder, wie es diesen Bildern gelingt, Kontakt zu unserem Unbewussten aufzunehmen und mit ihm zu kommunizieren. Sie bieten eine Menge Anregungen, vermitteln kein Dogma, kein »richtig« oder »falsch«, keine Wertung, kein starres Schema. In den Bildern können wir eigene Erfahrungen sehen und neue Wege und Lösungsmöglichkeiten finden. (Näheres zu den Raider-Waite-Tarotkarten finden Sie im gleichnamigen Kapitel Seite 49).

Jedes Tarot-Deck besteht jeweils aus 78 Karten, aufgeteilt in 22 große Arkana (lat.: *arcanum* bedeutet »verschlossen, geheim«) und 56 kleine Arkana. Die Begriffe »groß« und »klein« beziehen sich auf den Bedeutungsinhalt der Karten: Die »großen Arkana« spiegeln Themen wider, die tief in unserer Psyche verwurzelt sind. Ihre Deutung kann uns helfen, unseren Lebensweg zu verstehen. Der menschliche Entwicklungsweg, das Leben mit seinen Aufgaben, Freuden und Problemen oder Fallstricken findet sich also in den großen Arkana wieder. Die 56 »kleinen Arkana« sind wiederum aufgeteilt in vier Spielfarben: Kelche, Münzen, Stäbe und Schwerter mit je zehn nummerierten Karten (das Ass entspricht jeweils der Eins), »Zahlenkarten« genannt, und vier »Hofkarten«: Bube, Ritter, König und Königin, welche ergänzende erläuternde Hinweise geben. (Näheres hierzu siehe Kapitel 2, »Die Rider-Waite-Tarotkarten«, Seite 49).

Astrosophie ist die Verbindung von Astrologie und Psychologie. Astrologie, die Lehre von der Zeitqualität, wird hier genutzt, um die Lebensaufgabe eines Menschen zu erkennen und den Weg des Selbst, der Seele, zu finden und dann auch zu gehen. Die älteste Typologie der Menschheit, die Lehre von den Erscheinungsformen körperlicher, geistiger sowie seelischer Beschaffenheit des Menschen und der wechselseitigen Beziehung dieser Dreiheit zueinander, finden wir in der Astrologie. Menschen beschäftigen sich seit Urzeiten mit ihrer Seele, lange schon bevor dieser Bereich zu einem eigenen Wissensgebiet, der heutigen Psychologie, wurde.

Die Astrosophie erforscht die menschliche Psyche, um die

Bedürfnisse der Seele zu erkennen. Der Psychoanalytiker C. G. Jung hat das Geburtshoroskop als »Landkarte der Seele« bezeichnet. (Zum Thema »Astrologie und Tiefenpsychologie« ist Dane Rudhyars Buch *Astrologie und Psyche* sehr zu empfehlen; siehe unter »Büchertipps«, Seite 133). Die Konstellation der Planeten zum Zeitpunkt der Geburt eines Menschen zeigt ein bestimmtes Energiemuster auf, das mit dem Energiemuster des zu diesem Zeitpunkt geborenen Menschen übereinstimmt. Das bedeutet: Der Mensch wurde zu einem Zeitpunkt geboren, der seinem Energiemuster entspricht. (*Bitte beachten Sie:* Der Mensch ist *nicht* deshalb so geprägt, weil er zu diesem Zeitpunkt geboren ist, sondern er ist zu diesem Zeitpunkt geboren, weil dieser seine Grundprägung spiegelt!) Diese kosmische Prägung, die zum Zeitpunkt der Geburt durch das energetische Umfeld der Erde auf den Menschen wirkt, wird mathematisch errechnet und im Geburtshoroskop festgehalten.

Eine der wichtigsten Fragen der Astrologie ist meiner Meinung nach: Welchen Sinn und Nutzen hat das Geburtshoroskop für den Menschen? Die Astrosophie gibt eine Antwort: Es ist möglich, dass wir hierin unsere Lebensaufgabe schauen, so dass wir unserer kosmischen Pflicht nachkommen können. Wenn wir unsere individuelle Programmierung kennen lernen, so motiviert uns das, weiterzugehen, auszuprobieren, nach Lösungen zu suchen. Das ist echte Lebenshilfe!

TarAstro nutzt aus der Astrologie nur das »Häusersystem« (Planeten, Aspekte und Transite bleiben außen vor). Die Grafik des Horoskops, ein Kreis, gliedert sich in 12 Abschnitte (die 12 Häuser) zu je 30 Grad – wie eine Torte, die sechsmal ganz durchgeschnitten wurde. Diese sogenannten »Häuser« repräsentieren sowohl den menschlichen Entwicklungsweg als auch verschiedene Lebensbereiche. Im *TarAstro* wird für jedes Haus eine Karte gezogen, diese wird außen an das jeweilige Haus im beiliegenden Legeplan angelegt. In einem zweiten Schritt wird die Bedeutung der jeweiligen Karte auf die Hausthematik (den astrologischen Entwicklungsweg) hin »interpretiert«. Stichpunkte zur Thematik des jeweiligen Hauses finden sie auf dem beiliegenden Legeplan, den Sie jetzt zur näheren Betrachtung herausnehmen.

Mittels der Methode, die ich Ihnen vorstellen möchte, können Sie innerhalb kürzester Zeit (»schnell« ist unsere Zeitqualität!) erkennen, wo genau Sie in verschiedenen Lebensbereichen stehen. Außerdem finden Sie heraus, in welchem Bereich Sie Ihre Kraft jetzt effektiv einsetzen können oder sogar müssen. Eine solche »Standortbestimmung« machen viele Menschen gern für sich allein im stillen Kämmerlein. Es ist nicht jedermanns Sache, sich seelisch vor anderen zu entblößen und darauf zu vertrauen, dass der »Experte« die Dinge richtig sieht. *TarAstro* unterstützt Sie darin, Ihre momentane innere und äußere Situation zu erkennen. Es hilft, auf Fragen wie die folgenden eine Antwort zu finden: »Wo stehe ich gerade und wie sieht es um mich herum aus – stehe ich eher am Anfang eines Weges, in der Mitte oder aber an einer Kreuzung?«; »Will ich einen Umweg machen, der für mich im Moment attraktiv ist?«; »Soll ich eine Abkürzung nehmen?«; »Soll ich vielleicht umkehren?«

Wie Sie dieses Buch benutzen

TarAstro ist für Einsteiger und Fortgeschrittene gleichermaßen geeignet. Gehen Sie folgendermaßen vor (es ist ganz einfach!): Diesem Buch liegt ein Legeplan bei. Wenn Sie ihn herausnehmen und auffalten, sehen Sie eine *Horoskopgrafik.* Dieser »Kreis« ist, wie bereits erläutert, in 12 gleich große »Häuser« unterteilt. Jedes davon steht für einen Teilbereich des Lebens und, in der Aufeinanderfolge von 1 bis 12, für Ihren Lebensweg. In jedem Haus geht es um eine bestimmte Frage – die Sie dem Legeplan entnehmen können. Außerdem enthält er ein paar Stichpunkte zur Haus-Thematik; eine ausführliche Erläuterung zu jedem Haus finden Sie dann in Kapitel 1, »Die Häuser und Achsen im Horoskop« (Seite 23). Auch wenn Sie in der Astrologie bereits bewandert sind, wird es für Sie interessant sein, die Definition der Häuser und Achsen zu lesen. Sie können von dem abweichen, was Sie bereits kennen, oder neue Aspekte beinhalten (was damit zusammenhängt, dass hier meine Erfahrungen aus der Arbeit mit *TarAstro* und Horoskopaufstellung eingeflossen sind).

Des Weiteren liegt ein Set Rider-Waite-Tarotkarten bei. In Kapitel 2, »Die Rider-Waite-Tarotkarten« (Seite 49), können Sie in Kurzfassung nachlesen, welche Bedeutung die einzelnen Karten haben. Bei der Deutung geht es darum, diese Hinweise mit der Frage des jeweiligen Hauses in Verbindung zu bringen. Werden Sie in jedem Fall selbst kreativ: Spüren Sie intuitiv nach, welche Bedeutung die jeweilige Karte *für Sie* hat. Welche Bilder, welche Gefühle steigen in Ihnen auf? Woran werden Sie erinnert? Haben Sie den Mut, sich der Arbeitsweise Ihres Unbewussten anzuvertrauen. Das ist allerdings nicht ganz leicht, denn unser Bewusstsein ist auf Ordnung ausgerichtet, das Unbewusste hingegen schöpft aus dem Ungeordneten, dem Chaos – und genau dort liegt das große Potenzial verborgen, der Schatz, der gehoben werden kann. Die inspirierende und intuitive Kreativität des Unbewussten funktioniert am besten in chaotischen oder unlogischen Situationen, nämlich dann, wenn wir es aufgegeben haben, uns selbst unter Druck zu setzen, Kontrolle auszuüben oder die Dinge steuern zu wollen – wenn es uns gelungen ist, ganz loszulassen. Diese Erkenntnis hat die größte Auswirkung darauf, wie Sie mit dem Tarot umgehen werden. (Unser Bewusstsein hätte am liebsten ein Buch, das für jede Karte eine ausführliche Erklärung liefert: »Was bedeutet diese Karte, wenn sie in diesem Haus liegt, und wie verändert sich die Aussage, wenn eine bestimmte andere Karte im Haus gegenüber ausgelegt wurde?) Gelingt es uns jedoch, uns dem Unbewussten anzuvertrauen, fangen wir einfach an, die Bilder zu betrachten. Wir meditieren, assoziieren, lauschen auf unsere innere Stimme, warten darauf, was das Bild in uns wachruft, und schauen, was in uns geschieht.

Beschränken Sie sich auf die Deutung in den Büchern, berauben Sie sich des freien Umgangs mit der vielschichtigen Symbolik der Karten, die *für Sie* Bedeutung haben kann, die in keinem Buch zu finden ist. Bücher können nur allgemeine Deutungen wiedergeben, aber niemals *die* spezifische Bedeutung *für Ihr ganz individuelles Leben.* Sie werden die Erfahrung machen oder bereits haben, dass dieselbe Karte Ihnen in verschiedenen Tarotlesungen jeweils etwas anderes mitteilt. Es ist wichtig, dass Sie es wagen, über die definierte Bedeutung einer Karte hinauszugehen, Ihrer Inspiration zu vertrauen.

Ich wünsche Ihnen, dass es Ihnen gelingt, *sich darauf einzulassen und zu verlassen* – und zumindest erst *nach* Ihrer eigenen Deutung im Buch nachlesen. In anderen Werken ist die Symbolik des Tarot ausführlicher beschrieben. Eine Auswahl solcher Bücher finden Sie unter »Büchertipps« (Seite 133).

Lesen Sie dieses Büchlein nun Seite für Seite aufmerksam durch, machen Sie sich mit *TarAstro* vertraut – und nehmen Sie dabei Legeplan und Tarotkarten zu Hilfe. Die »Deutungshinweise« der Karten in Kapitel 2, »Die Rider-Waite-Tarotkarten« (Seite 59, Seite 87 und Seite 94), können Sie dabei auslassen – hier lesen Sie erst nach, wenn Sie Ihre Karten gelegt und gedeutet haben. Sie werden sehen – wenn Sie wirklich offen sind für die Bilder und Symbole der Karten, zulassen, was die Bilder in Ihnen auslösen, werden sich Ihnen die Karten im wahrsten Sinne des Wortes offenbaren.

1.

Die Häuser und Achsen im Horoskop

Das Horoskop ist, wie bereits erwähnt, in zwölf gleich große Häuser (Lebensbereiche) unterteilt. Diese symbolisieren in ihrer Aufeinanderfolge gleichzeitig eine Kette von Erfahrungen, die einen vollständigen Entwicklungszyklus des menschlichen Lebens wiedergibt. Jeweils zwei gegenüberliegende Häuser bilden eine Achse und haben ein gemeinsames Thema: Es gibt also sechs Achsen. Ist nun eines der Häuser, die auf einer Achse liegen, sehr wichtig, so muss es notwendigerweise das andere auch sein, damit das (seelische) Gleichgewicht hergestellt ist. Die Folge der zwölf astrologischen Häuser:

1. Haus: *Ich bin*
körperliches Erscheinungsbild und körperliche Konstitution; die Art und Weise, auf andere und auf Vorhaben zuzugehen; Selbstbehauptung und Durchsetzungsfähigkeit

2. Haus: *Ich habe*
Sicherheit, Selbstwertgefühl bzw. Selbstbewertung, Talente, physischer Besitz, Werte und Vermögen (Geld), verfügbare Mittel, Abgrenzung nach außen

3. Haus: *Ich denke, kommuniziere, erkenne mich selbst*
geistige Fähigkeiten, die im Alltag genutzt werden; Kommunikation mit der Umwelt (durch Sprache und Gebärden); konkrete (intellektuelle) Lernfähigkeit; Geschwister, Nachbarn, Selbsterkenntnis

4. Haus: *Ich fühle*
seelisches Empfinden; das »Zuhause«, Heim, Herkunft, Familie, Tradition; Geborgenheit, das »innere Kind«; Kindheit, Alter, Psyche

5. Haus: *Ich erschaffe*
das schöpferische Prinzip, individueller Lebensausdruck; auf die Bühne treten, Erotik, Kinder (auch geistige), Spiel und Spaß; Risiko- und Experimentierfreude, Abenteuer, Selbstverwirklichung

6. Haus: *Ich analysiere*
seelische Anpassung an Umweltbedingungen, seelische Krisen, Krankheit; Bewältigung der täglichen Existenz, Broterwerb (Beruf); Arbeit, der wir dienen; Verhältnis zu Mitarbeitern; Selbstheilungskräfte durch Analyse und Reinigung

7. Haus: *Du bist*
das Du, Partner in jeder Hinsicht (privat und geschäftlich); gedankliche Begegnung mit dem Du; Beziehungen; Projektionen nach außen, der »Schatten« (siehe Seite 28 und 115)

8. Haus: *Du hast*
Stirb-und-werde-Prozesse; Tod des Ego, Macht – Ohnmacht, Intensität, Besitz des Partners; die verbindliche Partnerschaft (Ehe), tiefe, leidenschaftliche Gefühle; (emotionale) Bindungen und Begierden, Sexualität; Verzicht, Trennung, Loslassen

9. Haus: *Ich glaube*
Metaphysik, Philosophie, Religion, höhere Bildung; Auslandsreisen, Meditation, Bewusstseinserweiterung; Weltanschauung und Welterkenntnis, das eigene Weltbild, Sinnfindung

10. Haus: *Ich fühle mich berufen*
Beruf im Sinne von Berufung, öffentliches Wirken und damit zusammenhängendes Verantwortungsbewusstsein, persönliche Autorität; Lebensziel und Berufsfeld, Ansehen in der Öffentlichkeit

11. Haus: *Ich bin schöpferisch*
für die Gesellschaft; seelische Verbindung zu anderen, geistige Freunde, Gleichgesinnte, Wahlverwandte, »Seelenverwandtschaft«; Zukunftsvisionen, Zukunftsideale, soziales Denken und Handeln, die neue Gesellschaft; Freiheit, Individualität, Teamgeist

12. Haus: *Ich bin allverbunden*
Aufgeben der persönlichen Bedeutung, um seelisch zu wachsen; Aufgehen im größeren Ganzen, um der Welt zu dienen; All-ein(s)-sein, Transzendenz (»Ich träume«; »Ich ersehne«); Zurückgezogenheit, Einsamkeit, um die Einheit hinter dem Individuellen zu finden; die pränatale Phase (Schwangerschaft)

Anmerkung: *Haus 4 (entspricht dem Sternzeichen Krebs), Haus 8 (entspricht Skorpion) und Haus 12 (entspricht Fische) nennt man in der Astrologie die »Wasserhäuser«, denn sie sind dem Element Wasser zugeordnet. Damit haben sie zur Seele einen direkteren Bezug als die anderen Häuser. (Weiteres zu den vier Elementen im Horoskop siehe Seite 82.) Auf dem Weg zur Seelenreifung spielen sie eine besondere Rolle und ebenso die Besitzachse (Haus 2 und 8), die Eltern-Lebensplan-Achse (Haus 4 und 10) und die Existenz-Transzendenz-Achse (Haus 6 und 12)*

Haus 1 und 7 Die Begegnungsachse – vom Ich zum Du

Jeder Mensch hat die Chance, durch seine Beziehungen zu lernen. Manche Beziehungen gehen wir freiwillig ein, andere ergeben sich dadurch, dass wir zur Umwelt in Kontakt treten müssen, sei es beruflich oder im täglichen Leben. Das 1. Haus steht für Sie, das 7. Haus für Ihre Beziehungen, Ihre Spiegel oder anders ausgedrückt Ihre Schatten. C. G. Jung hat »Schatten« 1945 definiert als das, »was ein Mensch nicht sein möchte«. Gemeint sind unbekannte oder nur wenig bekannte Anteile der Persönlichkeit, Aspekte, die wir verleugnen und deshalb nicht klar sehen können. Da wir aber für diese Eigenheiten empfänglich sind, neigen wir dazu, sie im Außen, bei anderen wahrzunehmen – dort betrachten wir sie mit Furcht und Faszination. Hier finden Sie also alles, was Sie nicht leben, weil es mit Ihrem bewussten Standpunkt, mit der Ihnen anerzogenen Moral oder dem Bild, das Sie von sich selbst haben, nicht übereinstimmt. Wenn Sie an Ihrer persönlichen Entwicklung arbeiten wollen, achten Sie darauf, welche Beziehungen emotional aufgeladen sind – positiv wie negativ. Hier verbirgt sich einer Ihrer Persönlichkeitsanteile, der integriert werden will. Bewundern Sie eine bestimmte Eigenschaft an einem anderen Menschen, so weist das darauf hin, dass Sie selbst dieses Potenzial haben … und es will entwickelt werden. Kritisieren Sie oder lehnen Sie jemanden ab, dann können Sie davon ausgehen, dass Ihnen hier etwas gespiegelt wird, das Sie an sich selbst nicht wahrnehmen können oder wollen. Ihr Gegenüber gibt Ihnen die Chance, diese eigenen Anteile zu erkennen und zu akzeptieren, um dadurch auf dem Weg zur Ganzheit einen Schritt weiter zu kommen.

Haus 1 entspricht unserer körperlichen Erscheinung, unserer physischen Konstitution. Hier zeigt sich, wie wir uns durchsetzen, für uns einstehen, wie wir von den Mitmenschen gesehen werden. Das 1. Haus steht für die »Persona« (nach C. G. Jung), die Maske, die wir uns im Laufe des Lebens angeeignet haben. Bereits während der frühen Kindheit entwickeln die Menschen, mehr oder weniger ausgeprägt, die »Fähigkeit«, sich so zu verhalten, dass sie (wie sie glauben) im Außen gut ankommen werden und am besten geschützt sind. Wir lernen jemanden kennen, stehen dieser Person gegenüber und gewinnen einen ersten Eindruck. Über den Körper und durch die Ausstrahlung unseres Gegenübers wird uns ein erstes Bild vermittelt. Dieses muss allerdings nicht mit der inneren Wirklichkeit oder Befindlichkeit der betreffenden Person übereinstimmen.

Das Ziel jeder Persönlichkeitsentwicklung ist, dass wir so authentisch wie möglich werden. Ein Beispiel: Sehr viele Menschen haben sich eine raue Schale zum Schutz ihres »weichen Kerns« zugelegt. Und genau deshalb begegnen ihnen immer wieder Menschen, die unsensibel mit ihnen umgehen. Die Betroffenden sehen nicht, dass sie diese Reaktionsweise durch ihre raubeinige, »coole« Art selbst verursachen. Zuerst müssten solche Menschen erkennen, dass sie eine Maske tragen. Und erst dann können sie diese ablegen und sich so zeigen, wie sie wirklich sind, zum Beispiel weich und empfindsam. Nur dann besteht die Chance, dass sie Menschen anziehen, die wirklich zu ihnen passen. Sollte das bei Ihnen so sein, achten Sie darauf, ob sich nach einer Verhaltenskorrektur eine Veränderung im Außen zeigt. Sollte das nicht der Fall sein, so ist es Ihnen sehr wahrscheinlich nicht gelungen, Ihre Erkenntnis umzusetzen – das Ganze ist eine bloße intellektuelle Spielerei geblieben.

Die beiden auf extreme Weise entgegengesetzten Formen des Verhaltens im 1. Haus können sein: dass Sie sich durchsetzen, ohne Rücksicht auf andere zu nehmen, oder aber sich so stark an Ihre Mitmenschen anpassen, dass Sie nicht zu dem kommen, was Sie selbst wollen.

Die Karte, die Sie für dieses Haus gezogen haben, zeigt, wie Sie durch Ihre körperliche Erscheinung auf Ihre Mitmenschen wirken.

Frage: *Was strahle ich aus?*

In **Haus 7** begegnen Sie Ihren Mitmenschen. Hier versammeln sich alle, mit denen Sie irgendwie in Kontakt sind oder treten, sowohl privat als auch geschäftlich. Wir nehmen das Du wahr, um dadurch jene Seiten von uns kennen zu lernen, die uns selbst nicht bewusst sind. Das bedeutet, dass menschliche Begegnung unabdingbar ist, wenn wir uns selbst erkennen und entwickeln wollen. Vieles, was wir durch andere oder generell im Außen erfahren, löst in uns keine emotionale Reaktion aus. Anderes wiederum ruft heftige Gefühle hervor – das mögen Bewunderung und Liebe oder gar Ablehnung und Hass sein. Was immer wir an unserem Gegenüber aufgreifen und thematisieren, lieben oder hassen, ist eine Seite von uns, die wir nicht sehen können, weil sie im »Schatten« liegt (siehe Seite 28 und 115). Hier lagert alles, was das Bewusstsein nicht akzeptieren kann und wozu dem Betreffenden der Mut fehlt.

Nicht nur schwierige, auch wertvolle Aspekte der Persönlichkeit können projiziert werden. Ganz pauschal kann man sagen, dass aus übermäßiger Projektion eine Verarmung der Persönlichkeit folgt. Löst etwas oder jemand emotionale Reaktionen bei Ihnen aus, so ist es wichtig und hilfreich herauszufinden, welchen Ihrer Anteile das bzw. der andere hier für Sie spiegelt. Ist es etwas, wogegen Sie eine große Abneigung haben, so können Sie davon ausgehen, dass Sie einen ungeliebten Anteil Ihres Selbst unterdrücken. (Und das funktioniert natürlich nicht – jedenfalls nicht auf Dauer.) Die verdrängten Energien, Eigenschaften und Verhaltensweisen verschwinden nicht allein dadurch, dass Sie Ihnen keine Beachtung schenken. Sie treten Ihnen vielmehr im Außen entgegen und so erhalten Sie Gelegenheit, hinzuschauen, um sich selbst besser kennen zu lernen und bestenfalls zu verändern. Leider neigen wir meist dazu, diese Veränderung von unserem Gegenüber zu fordern, besonders von unserem Lebenspartner. Sinnvoller und effizienter wäre es, bei uns selbst eine Veränderung einzuleiten. Oft suchen wir uns auch Partner aus, die uns etwas vor Augen führen, das wir bei uns entwickeln wollen – das scheint unsere Partnerwahl unbewusst zu beeinflussen. Je mehr unbewusste Anteile wir also integrieren, das heißt, je mehr Projektionen wir zurücknehmen, desto beziehungsfähiger werden wir.

Die Karte, die Sie für dieses Haus gezogen haben, zeigt, was Sie an sich selbst nicht sehen können (Ihren Schatten) und deshalb in Ihren Beziehungen thematisieren.

Frage: *Wie steht es um meine Beziehungsfähigkeit?*

Haus 2 und 8
Die Besitzachse – vom Haben zum Sein

Und so lang du das nicht hast,
dieses: Stirb und werde!
Bist du nur ein trüber Gast
auf der dunklen Erde.

Goethe, »Selige Sehnsucht«

Dies ist die Achse der materiellen Güter und der Wandlung. Im 2. Haus sammle ich Besitz und im 8. Haus muss ich ihn wieder loslassen bzw. verwerten und wandeln. Besitz kann und soll nur Mittel zum Zweck sein. Erst wenn das Sein über das Haben herrscht, erkennen wir, dass die Substanz eingesetzt werden muss (unser Körper, unsere Talente, unser Geld ...), um die Persönlichkeit zu entwickeln, das heißt den »Weg der Seele« gehen, unserer Bestimmung folgen zu können. Erich Fromm setzt sich in *Haben oder Sein* mit diesem Thema auseinander (siehe »Büchertipps«, Seite 133). Er beschreibt das Leben aus der Haltung des Habens heraus als Wurzel des Übels der gegenwärtigen Gesellschaft und aus der des Seins als Möglichkeit für ein erfülltes, nicht entfremdetes Leben.

In **Haus 2** geht es um das Thema »Selbstwert«. Je schwächer dieser ist, desto mehr muss das durch materiellen Besitz kompensiert werden. Eine andere Form der Kompensation wäre es, dem Essen eine übermäßige Bedeutung zuzuschreiben. Wir sammeln mehr und mehr und wollen es vielleicht nicht teilen, nicht wieder loslassen. So fürchten wir die Menschen, die es auf unseren Besitz »abgesehen« haben, am meisten. Das »Haben«, die Materie, verschafft uns aber die Möglichkeiten, uns zu unserem »Sein« hin zu entwickeln. Wollen wir allerdings nur tote Materie anhäufen, so mag das Schicksal eingreifen – es erzwingt dann eine Veränderung. Das eigentliche Thema dieses Hauses liegt in der Aufforderung, Selbstwert zu entwickeln. Das bedeutet, wir sind dazu aufgerufen, uns anzunehmen und zu lieben. Das fällt umso leichter, je mehr Streicheleinheiten wir in der frühen Kindheit erhielten, die nicht an Bedingungen geknüpft waren.

Wir sind hier gefordert, uns mit den eigenen Wertmaßstäben auseinander zu setzen: »Inwieweit sind das wirklich meine eigenen Werte?«; »Zu welchem Teil habe ich sie von Eltern, Erziehern, der Gesellschaft ... übernommen?«; »Lebe ich allzu fremdbestimmt, wird so die Entwicklung meines Selbstwertes behindert?« Mache ich die Wertmaßstäbe anderer zu meinen eigenen, obwohl sie mir nicht entsprechen, dann werde ich zu einer Art Marionette. Das gilt sowohl für den privaten als auch für den beruflichen Bereich. Oft ist in einem solchen Fall berufliche Veränderung vonnöten, denn: wenn ich meine Kraft und Energie für etwas einsetze, das meiner tiefsten Überzeugung entspricht, wird mein Selbstwertgefühl daran wachsen.

Ist unser Selbstwert aber allzu gering, dann wollen wir ununterbrochen von Außen bestätigt werden. Wir sind nicht bei uns selbst, leben nicht aus unserer Mitte heraus, sondern lassen andere über unseren Wert und unsere Lebensgestaltung bestimmen.

Die Karte, die Sie für dieses Haus gezogen haben, zeigt, was zu tun ist, damit Sie sich selbst (Ihrer Seele) treu bleiben.

Frage: *Was kann ich tun, damit mein Selbstwertgefühl wächst?*

Haus 8 ist traditionell das Haus des Todes, der Wandlung oder Transformation. Hier geht es um Häutung: Wie eine Schlange schlüpfen wir aus der alten Haut, und darunter ist bereits eine neue. Das Thema ist »loslassen«. Was wir nicht mehr brauchen, muss abgestreift werden, damit die Wandlung geschehen und das Neue sichtbar werden kann. Hier lassen wir Bindungen an Begierden, alles Materielle (Haus 2) los, damit wir unseren »Seelenweg« in Freiheit gehen können. Ziel ist es, Macht in ihrer edelsten Form zu verwirklichen: Macht über uns selbst! Gelingt uns das, so sind wir nicht mehr manipulierbar, nicht mehr bestechlich durch Geld, Sex, Macht (die Mächtigen) und manipulieren selbst auch nicht. Grenzerfahrungen, Stirb-und-werde-Prozesse sind hier angesiedelt und weisen auf die Bedeutsamkeit dieser Thematik für das Menschenleben hin.

Im 8. Haus finden wir auch die ehelichen Bindungen. Denn im Gegensatz zu Freundschaften oder Beziehungen fordert die Ehe Verbindlichkeit. Positiv betrachtet bedeutet das, dass ich bei Schwierigkeiten zur *konstruktiven* Auseinandersetzung bereit sein sollte. Das mag Fragen aufwerfen wie: »Inwieweit ist meine Forderung berechtigt?«; »Bin ich überhaupt bereit, meinen Standpunkt zu ändern?« Immer wieder werde ich aufgerufen, Altes loszulassen, Neues zu integrieren und zu wachsen – nur so kann die Verbindung lebendig bleiben. Wir fordern immer da am meisten, wo unsere größten Lernaufgaben liegen.

Die Karte, die Sie für dieses Haus gezogen haben, zeigt, was Sie loslassen müssen, weil es Sie auf Ihrem weiteren Weg behindern würde.

Frage: *Wovon muss ich mich trennen, um meine Entwicklung nicht zu blockieren?*

Haus 3 und 9
Die Kommunikations-Sinnfindungs-Achse

Hier begegnen wir der Art, wie wir mit anderen kommunizieren, und dem eigenen Weltbild, das wir schon in frühen Jahren erworben haben. Es geht sowohl um den Prozess des Denkens (Haus 3) als auch darum, zu welchem Ergebnis, zu welcher Lebensphilosophie (Haus 9) wir damit kommen. An dieser Stelle möchte ich auf Wilhelm Schmids Buch *Schönes Leben*? hinweisen (siehe unter »Büchertipps«, Seite 133). Seiner Meinung nach wird die wichtigste Lebenshilfe auf der Ebene des Denkens (3. Haus) geleistet.

In **Haus 3** finden wir die Art und Weise, wie wir im Alltag mit unserer Umwelt kommunizieren (durch Sprache und Gebärden). Gemeint sind die Kommunikationsprozesse, die ohne Einschaltung des Bewusstseins stattfinden. Schwierigkeiten mit Verwandten, Nachbarn oder Geschwistern weisen darauf hin, dass wir unsere Art der Kommunikation überdenken sollten. Die bewusste Aufmerksamkeit will auf den Bereich der Kommunikation gelenkt werden, damit wir hier etwas verändern können.

Unsere Denkgewohnheiten bilden sich in ihren Grundzügen bereits in der Kindheit heraus. Die unbewussten Denk- und Verhaltensmechanismen sind also in einer Zeit entstanden, in der es vorrangig darum ging, mit der eigenen Situation innerhalb der Familie und der unmittelbaren Umgebung bestmöglich zurechtzukommen: Wir alle waren darauf ausgerichtet, positive Zuwendung zu bekommen und gefühlsmäßig schmerzliche Erlebnisse abzuwehren. So haben wir

Denkmuster entwickelt, die es uns ermöglichten, unsere Bedürfnisse durchzusetzen. Damals wurde der Grundstein für die Art und Weise gelegt, wie wir heute kommunizieren. Unser Denken basiert also auf Voraussetzungen, die durchaus verändert werden können.

Das Charakteristikum des 3. Hauses liegt darin, dass wir hier *unbewusst* kommunizieren – vielleicht auf eine Art, die unserer heutigen Umgebung, den Umständen nicht mehr angemessen ist. Schwierigkeiten in diesem Bereich sind zu lösen, indem die eigenen Verhaltens- und Kommunikationsmechanismen bewusst wahrgenommen und anschließend neu programmiert werden. Schlussendlich geht es um Selbsterkenntnis.

Die Karte, die Sie für dieses Haus gezogen haben, zeigt, welchen Eindruck Sie bei Ihren Gesprächspartnern hinterlassen.

Frage: *Wie kommt meine Art zu kommunizieren bei anderen an?*

Haus 9 entspricht dem Bereich, der der Suche nach dem Lebenssinn gewidmet ist. Hier begnügen wir uns nicht mehr mit analytischem und logischem Denken, sondern suchen nach Erkenntnissen, die unser Herz ansprechen. Es geht darum, neue Erfahrungen zu machen, das Blickfeld zu erweitern. Das mag durch Reisen im Außen (ins Ausland) oder Reisen nach innen (Meditation, Selbsterfahrung) gefördert werden. Themen wie »Religion«, im Sinne von religio (Rückverbindung), »Philosophie«, die »eigene Weltsicht« sind hier zu Hause. All diesen Bestrebungen ist eines gemeinsam: Wir wollen auf der Basis eines weiten Spektrums der Lebensbetrachtung unsere eigene Lebensphilosophie entwickeln, uns gedanklich orientieren, ideologisch ausrichten.

Die Karte, die Sie für dieses Haus gezogen haben, zeigt, wie Sie für sich den Sinn des Lebens definieren.

Frage: *Wie sieht meine Lebensphilosophie aus?*

Haus 4 und 10
Die Eltern-Lebensplan-Achse

In Haus 4 werden von unseren Eltern, bildlich gesprochen, die Wurzeln unserer Persönlichkeit versorgt: Wir werden genährt, gegossen, behütet, beschnitten – unserer Meinung nach vielleicht zu viel, vielleicht zu wenig. In Haus 10 wird dann ersichtlich, wie der Mensch seinen Platz in der Gesellschaft findet, Verantwortung übernimmt.

Haus 4 symbolisiert auf der äußeren Ebene das Zuhause, unsere Herkunft, Tradition; auf der inneren Ebene unsere Psyche, unser Gefühlsleben, unser seelisches Empfinden, die seelische Verwurzelung in der Menschheit. Bin ich nun durch die Menschen in meiner nächsten Umgebung sehr leicht reizbar und fühle ich mich ständig unangenehm von ihnen berührt, so kann ich davon ausgehen, dass die Art, wie ich andere wahrnehme, durch eigene innere Bilder und Prozesse beeinflusst wird. Bei einer bestimmten Geste, einem bestimmten Blick oder Wort wird automatisch ein inneres Programm gestartet: Ich kann nun die aktuelle Situation nicht mehr objektiv wahrnehmen, sehe und erlebe sie durch den Filter früherer Erfahrungen und reagiere dann entsprechend darauf. Ich betrachte die Gegenwart durch die Brille meiner frühkindlichen Prägungen: In den ersten Lebensjahren prägten sich Verhaltensweisen und Erwartungen der Eltern bzw. Bezugspersonen in unsere Psyche ein.

Heute haben wir zwei Möglichkeiten, damit umzugehen:

Entweder wir bleiben in diesen Mustern verhaftet, bis uns ein Zufall behilflich ist oder ein Schicksalsschlag dazu zwingt, uns mit uns selbst auseinander zu setzen. Oder wir entscheiden uns dafür, ganz gezielt an unserer Entwicklung zu arbeiten. Dieser Weg beinhaltet, dass ich mich dazu überwinde, mich den Dingen zu stellen, denen ich bisher lieber aus dem Weg gegangen bin, und mich immer wieder in die Position des Lernenden begebe. Hochmut und Überheblichkeit finden hier keinen Platz mehr.

Wichtig ist außerdem, dass wir selbst Verantwortung übernehmen für unser Leben (und die Idee loslassen, dass unsere Eltern für unser Leben verantwortlich sind). Mag sein, dass wir nun entdecken, dass wir bestimmte Dinge allein deshalb ablehnten, weil sie den Wertvorstellungen unserer Eltern entsprachen. Mit unseren Eltern zu sprechen ist allerdings nur dann sinnvoll, wenn wir es schaffen, einen offenen Dialog zu führen – ohne Schuldzuweisung. Und dazu braucht es eine gewisse Lebensreife! Selbst wenn unsere Eltern bereits tot sind, ist es wichtig, Schuldzuweisungen, die oft mit Frustration über das eigene Leben gekoppelt sind, aufzulösen: *Frieden zu schließen*, unser eigenes »Zuhause« zu finden. Auf diese Weise wird Energie freigesetzt, die wir dazu nutzen können, selbstverantwortlich eigene Ziele zu verwirklichen. Vielleicht haben wir uns diese Eltern ja wirklich ausgesucht, weil es genau die richtigen sind, um die Aufgabe, die wir uns für dieses Leben gestellt haben, bestmöglich erfüllen zu können.

Jetzt steht es an, dass wir aufhören, unsere Eltern verändern zu wollen; wir selbst müssen uns ändern. Ihr Ausgangspunkt war vermutlich ein anderer und ihre Aufgabe ebenfalls eine andere. Die Erfahrung lehrt, dass Verhaltensweisen, die ich jetzt verurteile (besonders an meinen Eltern), irgendwann zu meinen eigenen werden (in der Anlage sind sie ohnehin bereits vorhanden). Möglicherweise machen Sie alles *ganz anders*, vielleicht das extreme Gegenteil dessen, was Ihre Eltern tun würden ... Das deutet darauf hin, dass Sie irgendwann zwangsläufig in den Verhaltensweisen Ihrer Eltern landen. Damit Sie wirklich frei entscheiden und handeln können, also auch nicht in der Opposition verharren müssen, ist Auseinandersetzung nötig!

Mein Wunsch für Eltern und Kinder ist, dass immer mehr Eltern erkennen, dass Eltern und Kinder sehr viel voneinander lernen können und die Grundvoraussetzung dafür gegenseitiger Respekt ist. Eltern *und* Kinder müssen ihre Standpunkte verlassen, ihre Anspruchshaltung loslassen. Es lohnt sich darüber nachzudenken, was und warum ich gebe, was ich erwarte und weshalb das so ist, was ich fordere und mit welchem Recht, was ich mir wünsche und was ich dafür tue.

Die Karte, die Sie für dieses Haus gezogen haben, zeigt, welche Grundvoraussetzungen für die Entwicklung Ihrer Persönlichkeit wichtig sind.

Frage: *Wie finde ich inneren Frieden?*

In **Haus 10** zeigt sich der Drang, eine bestimmte gesellschaftliche und soziale Stellung zu verwirklichen. Beruf (gemeint ist: Berufung; das, was uns ruft), Karriere und gesellschaftlicher Status sollen uns ein Gefühl von Befriedigung und Anerkennung durch die Umwelt vermitteln. (Beruf im Sinne von »Broterwerb« gehört im Gegensatz hierzu ins 6. Haus!) Auf diesem Weg werden wir mit den Bildern, die wir von unseren Eltern haben, konfrontiert. Sind diese nicht hinterfragt und verändert worden, so werden wir sie automatisch auf unsere Vorgesetzten, auf Autoritäten und Institutionen übertragen. Kommt es zu Konflikten mit Autoritätspersonen, dann ist das in der Regel eine Wiederholung der Differenzen, die wir mit unseren Eltern in Autoritäts- und Machtfragen erlebt bzw. vermieden haben. Oft sind wir hier in kindlichen Verhaltensweisen stecken geblieben. Und so streben wir in erster Linie nach Anerkennung in der Gesellschaft und nicht nach unserer eigentlichen Berufung.

Die Karte, die Sie für dieses Haus gezogen haben, zeigt, wie Sie sich zu einer Autorität entwickeln können.

Frage: *Wie finde ich zu meiner Berufung?*

Haus 5 und 11
Die Kreativitäts-Freiheits-Achse

Auf dieser Achse geht es darum, über die Verhaftung an die Materie hinauszuwachsen, hinein in den Bereich der freudvollen Kreativität, die sich selbst genügt und keinen Anspruch auf Bestätigung erhebt. Wir erwarten keine Vorteile und verfolgen keinen Zweck mehr.

Haus 5 wird traditionell mit Spiel, Vergnügen, Kunst, Spekulation, Abenteuer, Kindern (auch geistigen), Selbstverwirklichung und Kreativität in Verbindung gebracht. Das wichtigste Element ist die Bereitschaft zum Risiko. Wir werden an dieser Stelle mit folgendem Problem konfrontiert: Sicherheit und Intensität schließen sich gegenseitig aus. Um Intensität zu erleben, muss ich in meiner Mitte sein, und das geht nur, wenn ich alte Muster zurücklasse. Erst dann kann ich so viel Freude am Spiel haben, dass es völlig unwichtig ist, was dabei letztendlich herauskommt. Spiele ich auf diese Art (wie ein Kind, ganz und gar), so bin ich nicht auf Wirkung bedacht: Das Spiel lebt aus sich selbst heraus. (Wie sollte es auch möglich sein, mich selbst zu verwirklichen, wenn meine Gedanken ständig damit beschäftigt sind, wie ich bei anderen »ankomme«. (Wenn ich so lebe, spiele ich bloß eine Rolle.)

Die klassische Form des Selbstausdrucks finden wir in der Kunst. Erfolg kann sich einstellen, ist aber nicht die Motivation für künstlerische Schöpferkraft. Kunst und Broterwerb (6. Haus) unterscheiden sich durch das spielerische Element. Sowohl Spiel als auch Selbstausdruck sind lustvoll und genügen sich selbst. Hier besteht die großartige Möglichkeit, aus dem Leben ein Kunstwerk zu machen: ein Symbol einzigartiger »Selbstverwirklichung«. Wir treten mit unserem ureigenen Lebensentwurf auf die Bühne.

Die Karte, die Sie für dieses Haus gezogen haben, zeigt, wie Sie sich darstellen.

Fragen: *Wie zeige ich mich?*
Wie trete ich auf (die Lebensbühne)?

In **Haus 11** geht es um Freundschaften und Gruppen von Gleichgesinnten (»Seelenverwandtschaft«); es geht um den Austausch mit Gleichgesinnten, um unsere seelische Verbindung zu anderen, um geistige Freunde. Hier finden wir den Punkt, wo wir uns von der Gesellschaft lossagen, um unserem Leben eine individuelle Bedeutung zu geben und Erfüllung zu finden. Es hat den Effekt einer Befreiung, mit Gleichgesinnten zusammen – mit Menschen, deren Grundverständnis des Lebens unserem ähnlich ist – an einem neuen Weltbild zu arbeiten. Das kann auf verschiedenen Ebenen geschehen: in der Politik, um an einer besseren Gesellschaft zu arbeiten; in der Wirtschaft, um bestehende Strukturen zu verändern; im Bereich der Psychologie, Philosophie oder Esoterik, um sich im Austausch mit anderen weiterzuentwickeln. In solchen Gruppen freuen wir uns über die Individualität und Kreativität jedes Einzelnen. Wir haben gelernt, das Du als eigenständiges, kreatives Individuum anzunehmen. Was hier zählt, sind gute Ideen. (Treten dogmatische und hierarchische Strukturen auf, entspricht das ungelebten Themen des 10. Hauses. Fühlt sich eine Gruppe besser als der Rest der Welt, rührt das ebenfalls von unverarbeiteten Erlebnissen her – aus anderen Bereichen.)

Die Karte, die Sie für dieses Haus gezogen haben, zeigt, in welchem Bereich Sie mit anderen freudvoll, kreativ und gleichberechtigt an einem neuen Weltbild arbeiten wollen.

Frage: *Welche Ziele will ich mit Gleichgesinnten verwirklichen?*

Haus 6 und 12
Die Existenz-Transzendenz-Achse

Diese Achse entspricht einem Krisen- und Revisionsbereich. Beide Häuser erfordern eine Umkehr, eine Löslösung vom Bestehenden. Im 6. Haus werden wir aufgefordert, den Thron (5. Haus) wieder zu verlassen und für uns selbst zu sorgen. Das Spiel ist aus. Nun beginnt der Ernst des Lebens. Jetzt geht es darum, herauszufinden, was wir wirklich brauchen und wie viel Kraft und (Lebens-)Energie wir dafür einsetzen wollen und müssen. Diese beiden Pole müssen ausgeglichen sein. Im 12. Haus müssen wir die Scheinsicherheiten im Leben (Familie, Haus, Geld, Image) aufgeben. Das heißt natürlich nicht, dass wir uns von Familie, Haus, Geld, Image trennen müssen, wir sollten nur die Illusion loslassen, dass uns diese Dinge im Leben Sicherheit bieten können. Jetzt gilt es herauszufinden, wo wir *echte* Sicherheit und Geborgenheit finden, was uns bliebe, wenn wir alles andere verlieren würden, oder anders gesagt, was uns nicht genommen werden kann. Zu diesem Thema möchte ich Ihnen Penny McLeans Buch *Einsamkeit ist eine Sehnsucht* ans Herz legen (siehe unter »Büchertipps«, Seite 133).

Haus 6 entsprechen die folgenden Themen: Arbeit (im Sinne von Broterwerb), Gesundheit/Krankheit und seelische Krisen. Hier geht es um all die Arbeiten, die wir willig oder widerwillig auf uns nehmen (müssen), damit wir unsere Existenz bewältigen und sichern können. Dazu gehört in der Regel auch, dass wir Geld verdienen.

Außerdem müssen wir uns seelisch an die Bedingungen unserer Umwelt anpassen – wir sind abhängig, denn der Mensch ist ein soziales Wesen: Er existiert *nie* unabhängig von der Außenwelt, von Menschen und Umständen.

Aufkommende (Selbst-)Zweifel und Rückschläge in der Außenwelt veranlassen uns zur Selbstprüfung, zur Umkehr auf dem eingeschlagenen Weg. Das wird erfahrungsgemäß oft durch eine Krankheit oder Probleme am Arbeitsplatz ausgelöst. Hier wird von uns Disziplin gefordert. Wir decken unsere Grenzen auf; lernen, vom Leben nicht mehr zu verlangen, als wir für unsere Leistung erwarten können. So ist es möglich, uns leichter in die Arbeitswelt und in die Gesellschaft einzugliedern. Um zu existieren, um unsere Bedürfnisse zu befriedigen, brauchen wir Geld. Wichtig ist die Frage: »Was brauche ich wirklich und welche Leistung muss ich dafür erbringen?« (Im 6. Haus finden wir die Fähigkeiten, die nötig sind, um längst anstehende Veränderungen an uns selbst und in unserem Lebensumfeld vorzunehmen.)

Die seelische Krise im 6. Haus könnte man als »Durchbruch zum Selbst«, als »Selbstverwirklichung« im wahrsten Sinne des Wortes bezeichnen. Das Ego will überwunden werden, damit das Selbst (die Seele) klarer zutage treten kann. Voraussetzung dafür ist, dass das Ego stark und unabhängig ist, damit es der Seele Bahn brechen kann. Keinesfalls ist hier gefordert, das Ego aufzugeben. In esoterischen Gruppierungen wird häufig gelehrt, wie wichtig es sei, das Ego loszulassen. Oft ist das Ego aber nicht oder nur mangelhaft entwickelt: *Der Weg geht über das Ego!* »Selbstverwirklichung« ist in unserer Gesellschaft ein Begriff, der oft missverstanden wird. Hier ist nicht gemeint, dass wir egoistisch unseren Weg gehen, sondern vielmehr, dass wir erkennen, was die Seele will und das Leben danach ausrichten. (Hierbei kann das Geburtshoroskop als »Landkarte der Seele« wertvolle Hilfestellung leisten.)

Die Krise stellt sich dann ein, wenn das Ego nicht hört, was die Seele will, und nur noch sich wichtig nimmt, zu sehr im Irdischen verhaftet ist, mit all seinen verlockenden Ablenkungen und Versuchungen. Durch körperliche oder psychische Krankheit ruft nun die Seele, unser Selbst, nach unserer Aufmerksamkeit: Der vom Ego eingeschlagene Weg stimmt nicht mehr mit der Bestimmung der Seele überein. Eine Möglichkeit, wie dies zum Ausdruck kommt, sind körperliche Symptome und Krankheiten. Verschiedene Autoren wie z.B. Thorwald Dethlefsen und Rüdiger Dahlke in *Krankheit als Weg* oder Henry G. Tietze in *Entschlüsselte Organsprache* (siehe unter »Büchertipps«, Seite 133) versuchen, die Menschen mit dieser Symbolsprache vertraut zu machen. Die Ursachen für Krankheiten liegen demnach in seelisch-geistigen Belastungen, die sich im Laufe der Zeit im Sinne einer »Organsprache der Seele« an Körper oder Psyche zeigen. Und es gibt stets eine typische Art, wie man in einer Familie bestimmten Entwicklungen ausweicht. Deshalb treten bestimmte Krankheiten in einer Familie über Generationen hinweg immer wieder auf. Versuchen Sie, den Bann zu brechen, forschen Sie nach der Ursache! Erst wenn die Ursache, der Auslöser der Krankheit, gefunden und gelöst ist, wird die Krankheit nicht mehr auftauchen.

Probleme entstehen, wenn wir nicht mehr wissen, welchen Sinn unser Tun hat. So wird die Arbeit zum Selbstzweck, wir überfordern uns und Unzufriedenheit und Krankheit entstehen. Wollen wir im Gleichgewicht bleiben, dann sollten wir darauf achten, dass unser Tun einem Sinn folgt.

Die Karte, die Sie für dieses Haus gezogen haben, zeigt, was Sie tun müssen, damit sich Ihr Ego nicht weiter aufbläht.

Frage: *In welchem Bereich muss ich mich »disziplinieren«?*

In **Haus 12** erleben wir Ego- und Identitätskrisen und Phasen von innerer und äußerer Isolation, wenn wir uns nicht mit dem größeren Ganzen identifizieren können. Die Seele will in diesem aufgehen, denn Gemeinnutz geht vor Eigennutz. Es steht an, unsere persönliche Bedeutung aufzugeben, damit wir wachsen können. Dabei treten wir aus dem Mittelpunkt in den Hintergrund. Dieser Drang nach Einswerdung kann sich in der Hinwendung zu Mystik oder Religion zeigen. Durch tiefgreifende Prozesse wird das Bedürfnis nach Rückzug ausgelöst, um das Innenleben zu begreifen, möglicherweise über Träume oder Symbolik. Das tiefe Gefühl von Einheit mit allem kann in der Musik, Kunst, Religion gelebt werden oder indem wir Notleidenden helfen.

Das starke Bedürfnis nach Verschmelzung und Einheit kann für die Persönlichkeit allerdings auch gefährlich werden. Gelingt es uns nicht, eine positive Lebensform für diesen Teil unserer Persönlichkeit zu finden, so werden wir unweigerlich eine negative Entsprechung leben müssen: Das wäre die Flucht, eventuell in die Sucht (*Such*t hat meiner Erfahrung nach immer etwas mit »suchen« zu tun), möglicherweise fühlen wir uns als Opfer von Menschen, Umständen, der Gesellschaft ... Wir fliehen vor allem, was uns nicht gefällt, oder, noch extremer, wir wollen es erst gar nicht wahrnehmen. In Arbeit, Alkohol, Drogen, Medikamente, Fernsehen (!) oder Schlaf zu fliehen ist mehr oder weniger gesellschaftlich akzeptiert. Das macht es besonders schwierig, sich davon zu lösen. Allen negativen Lebensformen dieses Drangs nach Einheit und Verschmelzung ist eines gemeinsam: das Verlangen nach paradiesischen Zuständen. Sehen wir keine Möglichkeit, dazu einen Beitrag zu leisten (Haus 6), oder versuchen wir es erst gar nicht, so scheint Betäubung, in welcher Form auch immer, der einzige (vielleicht der einfachste?) Weg zu sein, um diesem inneren Druck zumindest zeitweise zu entfliehen.

Die Karte, die Sie für dieses Haus gezogen haben, zeigt, was Sie lernen müssen, damit Ihr Seelenbedürfnis erfüllt wird und keine Flucht in die Sucht erfolgen muss.

Frage: *Was wünscht sich meine Seele?*

2.

Die Rider-Waite-Tarotkarten

Dieses Thema – ganzheitliches Denken und Handeln durch Einbeziehen der rechten Gehirnhälfte – ist zeitgleich mit dem Auftauchen Liliths aus dem mythologischen Dunkel emporgestiegen. Mit der Wende zum 20. Jahrhundert wurde Lilith (in der Astrologie auch »Schwarzer Mond« genannt), zuerst von der Kunst wieder entdeckt. Die ersten schriftlichen Zeugnisse über Lilith stammen allerdings von den sumerisch-babylonischen Kulturen Mesopotamiens. Bis heute ist Lilith geheimnisvoll und vieldeutig: verlockend, erotisch, autonom, widerspenstig, weise, bedrohlich – und noch immer lässt sie sich nicht unterwerfen. Und dieser eigenständige Aspekt der Weiblichkeit will und kann, jetzt, in unserer Zeit integriert werden.

Die Umlaufbahn des Mondes um die Erde hat die Form einer Ellipse. Jede Ellipse hat zwei Brennpunkte, wovon einer die Erde ist (siehe auch S. 75, »XXI Die Welt«). Der andere Brennpunkt hat erst als Lilith (der Schwarze Mond) Bedeutung erhalten. Lilith füllt diese Leere (fehlende Sinnhaftigkeit) aus. Sie zeugt davon, dass durch die Integration dieser Thematik das grundlegende Problem der Gleichwertigkeit gelöst werden kann. Wollen Sie sich tiefer mit diesem Thema beschäftigen, empfehle ich Ihnen die Lektüre des Buches *Lilith, Adams erste Frau* von Vera Zingsam oder mehr astrologisch orientiert: *Lilith. Der geheimnisvolle Planet* von Heidi Wolfahrt-Zundel und Günther Cherubini (siehe »Büchertipps«, Seite 133).

Aus mythologischer Sicht war Lilith Adams erste Frau. Sie weigerte sich, unter ihm zu liegen (sich unterzuordnen), und schlussendlich erhob sie sich in die Lüfte der Welt – und Eva kam und nahm die Rolle an, die Adam ihr zuteilte. Eva, die »Ersatzfrau«, war jedoch nicht die Lösung des Problems. Weder Adam noch Eva wurden damit glücklich. Lilith forderte Gleichwertigkeit, Gleichstellung, und darum geht es auch heute noch: Sie bringt uns den Zugang zur magischen Welt, die wir im Patriarchat von uns abgeschnitten haben. Es geht nun allerdings nicht darum, Patriarchat durch Matriarchat zu ersetzen, was ja schlussendlich ein Rückschritt wäre. Es geht auch nicht darum, zu entscheiden, wer oben und wer unten liegt. Wir sind vielmehr aufgerufen, *gemeinsam* neue Formen zu finden und altes Wissen in neue Anschauungen zu integrieren – um so neues Bewusstsein zu schaffen. Verbindung und Gleichwertigkeit zu schaffen, sowohl in unseren Gehirnen als auch in unseren Partnerschaften, das ist die Forderung der Zeit (siehe hierzu auch die Deutung der Karte XXI, »Die Welt«, der großen Arkana, Seite 75). Die Überbetonung der linken Gehirnhälfte, des analytisch-wissenschaftlichen Denkens und Handelns, muss und wird zu Ende gehen. Nur so können gesellschaftlich-politische Veränderungen hin zu mehr Gleichwertigkeit erfolgen. Und genau diesen Weg zeigt uns die »Königin der Schwerter«. (Zu den anderen Hofkarten und der veränderten Reihenfolge siehe unter »Deutungsweise«, Seite 85.)

Auf dem Weg zur Selbstverantwortung (wir selbst geben uns die Antwort) ist Tarot eine unschätzbare Hilfe. Er zeigt uns auf, was wir im Innersten bereits ahnen. Wenn wir das aufsteigen lassen, was wir deutlich spüren, treten wir in unsere eigene Welt ein, in der wir uns selbst den Weg weisen. Das Kreative und Inspirierende des Unbewussten kann Ihr Leben bereichern. Zu diesem Thema gibt es ein interessantes Buch. Sein Titel ist *Die Psychologie des Tarot* (siehe unter »Büchertipps«, Seite 133), und die Autorin Sallie Nichols beschäftigt sich darin mit dem Tarot als Weg zur Selbsterkenntnis, und zwar nach C. G. Jungs Archetypenlehre. Die Bedeutung der Karten, in Büchern nachgelesen, kann aber immer nur Hinweise und Anregungen geben. Sie brauchen keine Meister oder Gurus, die Ihnen den Weg weisen, Sie können ihn selbst finden. Und *TarAstro* hilft Ihnen dabei.

Die Bedeutung der Karten selbst erfassen

Betrachten Sie eine Karte (nach der anderen) und lassen Sie dabei zunächst die Farben der Karten auf sich wirken. Stellen Sie sich die folgenden Fragen:

- Welche Farben überwiegen?
- Was sagt Ihnen die Sprache der Farben?
- Welche Farben sind miteinander kombiniert?
- Welche Deutung ergibt sich daraus für Sie?

Nun finden Sie zusätzlich ein paar Anregungen zur Interpretation der Farben. Auf Weiß und Schwarz wird hierbei ausführlicher eingegangen – weil uns der Tarot symbolisch speziell mit diesen beiden Farben in Kontakt bringt, mit Licht und Schatten. – Weiß steht nicht nur für Positives und Schwarz nicht nur für Negatives. Bestenfalls gelingt es uns, mit beidem wertfrei umzugehen. Was die Karten anbelangt, so ist es das Gleiche: Jede enthält sowohl helle als auch dunkle Aspekte. Erst durch die Fragestellung bzw. die Position, auf der sie liegt, wird die Blickrichtung gelenkt. So hilft uns der Tarot, Teilaspekte unserer Persönlichkeit aus dem Schattendasein zu erlösen und ans Licht zu bringen, um sie dann in das komplexe System unserer Persönlichkeit zu integrieren.

Hier nun einige Stichpunkte zu den einzelnen Farben:

Gelb steht für Denken, Klären, Entscheiden, Kommunikation, Beweglichkeit, Intellekt und Neid.

Rot weist auf Spontaneität, Aktivität, Vitalität, Sexualität, Aggression, Durchsetzung, Kampf, Macht und Gier hin.

Grün beinhaltet irdisches Wachstum, die Kräfte der Natur, Harmonie, Hoffnung, Zufriedenheit und Heilung.

Blau weist auf Introvertiertheit, innere Wahrnehmung, das Unbewusste, seelische Tiefe und Gefühle hin.

Violett steht für Spiritualität, Kunst, Metaphysik, Alchemie und Magie.

Braun beinhaltet irdische Geborgenheit, Erdgebundenheit, Anpassung und Materialismus.

Grau steht für Nicht-Weiß-nicht-Schwarz; Unentschiedenheit, Nichtssagendes; es ist die Vereinigung von Weiß und Schwarz.

Weiß beinhaltet alle Farben; es steht für Klarheit, Wahrheit, Reinheit, Unschuld, Verführung und Licht; es ist hell und bejahend (man denke nur an das Taufkleid und die weiße Taube). Weiß steht für Zentrierung und Meditation; es kann schillernd und auch kalt sein, blenden und verblenden; Weiß wirkt stark auf den psychischen Bereich und hat die Tendenz, Menschen langfristig in ihrer Entwicklung zu behindern.

Schwarz als Mutter aller Dinge ist immer mit dem Konkreten verbunden (Ursprung, Mutterleib); wer das Schwarze ablehnt, verfällt ihm und kann es nur leidend erleben, und wer vor dem Schwarzen (Schatten) die Augen verschließt, dem ist auch das Licht verborgen; man vergesse dabei aber niemals, dass Wachstum oft im Dunkeln, in der Erde stattfindet; Schwarz kann sowohl heilen und schützen (schwarze Körperbemalung) als auch Todes- und Untergangsfarbe sein; es symbolisiert das bedrohliche Chaos, das wir anschauen müssen, um es für unsere Entwicklung nutzen zu können. Nicht zuletzt steht es für unseren »Schatten« und für Geilheit (das Wort *geil* bedeutete im Althochdeutschen und Mittelhochdeutschen ursprünglich »lustig, fröhlich, kraftvoll und üppig«).

Des Weiteren können Sie sich bei der Betrachtung jeder Karte die folgenden Fragen stellen:

- Welche Gedanken kommen mir beim Betrachten dieser Karte in den Sinn?
- Welche Vergleiche drängen sich mir auf?
- Wie empfinde ich die Atmosphäre auf der Karte?
- Was könnten die Person/Personen auf der Karte denken, fühlen oder sagen wollen?
- Wenn die Personen auf der Karte sprechen könnten, was würden sie einander mitteilen?
- Was würden sie zu mir sagen?
- Was drückt die Körperhaltung der Person / Personen aus?
- Welchen Platz auf der Karte würde ich im Augenblick gern einnehmen? Wie fühle ich mich in dieser »Rolle«?

Je besser es Ihnen gelingt, zuzuordnen, was Sie im tiefsten Inneren denken und fühlen, desto mehr Information kann Ihnen zufließen.

Bedeutsam ist die erste Idee, die Ihnen in den Kopf kommt. Halten Sie sie fest. Denn sogleich wird Ihr Verstand zu arbeiten beginnen und versuchen eine logische Erklärung zu finden (warum es eben nicht so sein kann). Vergessen Sie niemals: Hier geht es darum, sich auf die Eingebung oder Intuition (das höhere Selbst oder den Engel – wie immer Sie es nennen wollen), auf sich selbst zu verlassen. Nur so werden Sie *un*abhängig. Sie lernen, Ihrer Wahrnehmung Glauben zu schenken. Hören Sie auf sich selbst, auf Ihre innere Stimme – haben Sie Vertrauen in sich selbst! Als erwachsener Mensch sind Sie für Ihr Handeln selbst verantwortlich. Leichter mag diese Verantwortung zu tragen sein, wenn Sie wissen, dass es keinen »richtigen« Weg gibt; ein Leben, in dem alles störungsfrei und erfolgreich verläuft, gibt es einfach nicht!

Bevor Sie die nun folgenden Kurzdeutungen zu den einzelnen Karten lesen, versuchen Sie in jedem Fall selbst zu deuten. Es geht ja darum, was *für Sie* im Moment wichtig ist, was für Sie ansteht. Eine hilfreiche Methode ist, die jeweils ersten hochkommenden Gedanken aufzuschreiben, damit sie nicht verloren gehen. Vielleicht möchten Sie sich eigens für *TarAstro* ein »Tagebuch« anlegen, worin Sie Ihre *TarAstro*-Sitzungen, Ihre intuitive Deutung festhalten. Vorrangig wichtig ist, was die Karten bei Ihnen ansprechen, welche Bedeutung Sie diesen geben. Lassen Sie die Bilder auf sich wirken und spüren Sie hin, was diese *in Ihnen* auslösen. Es sei noch einmal darauf hingewiesen: Es gibt keine »positiven« oder »negativen« Karten. Jede Karte beinhaltet sowohl positive als auch negative Elemente.

Die 22 grossen Arkana

Um die 22 Karten der großen Arkana kennen zu lernen, legen Sie diese in drei Reihen zu je sieben Karten vor sich aus, und zwar ihrer Reihenfolge nach: Sie finden oben in der Mitte römische Ziffern. Beginnen Sie mit der I (»Der Magier«) als erste Karte in der ersten Reihe und enden Sie mit der XXI (»Die Welt«) als letzte Karte in der dritten Reihe. Die Karte 0 (»Der Narr«) wird unter die dritte Reihe gelegt. Es ergibt sich nun folgende Platzierung:

1. Reihe: Karte I (»Der Magier«) bis VII (»Der Wagen«)
Hier geht es um den Weg von der Geburt bis zum Verlassen des Elternhauses.

2. Reihe: Karte VIII (»Kraft«) bis XIV (»Mäßigkeit«)
Diese Reihe beschreibt den Weg, den wir nach Innen gehen, um herauszufinden, wer wir wirklich sind.

3. Reihe: Karte XV (»Der Teufel«) bis XXI (»Die Welt«)
»Spirituelle Entwicklung und Seelenreifung« ist das Thema dieser Kartenreihe.

darunter: die Karte 0 (»Der Narr«)

Ich schlage Ihnen vor, dass Sie sich durch eine Atemübung auf die Zusammenarbeit mit Ihrem Unbewussten einstimmen, bevor Sie beginnen, sich mit den Karten vertraut zu machen: Schließen Sie die Augen … atmen Sie tief ein, während Sie im Stillen bis acht zählen

… dann halten Sie den Atem an und zählen wieder bis acht… und danach atmen Sie aus, und zählen währenddessen erneut bis acht. Dies können Sie mehrmals wiederholen, bis Sie das Gefühl haben, in Ihrer Mitte angekommen zu sein.

Deutungshinweise

Die sieben Karten in der 1. Reihe – von »Der Magier« bis zu »Der Wagen« – zeigen den Weg von der Geburt bis zum Eigenständig-Werden (bis zum Auszug aus dem Elternhaus), die Zeit, in der der junge Mensch von Eltern, Lehrern, der Gesellschaft und den Umständen geprägt wird.

I Der Magier

symbolisiert den Zustand bei der Geburt: Alles liegt bereit. Sie haben die Wahl, welches der vier Symbole sie aufgreifen wollen: der Stab gibt Dynamik und Spannkraft, er steht für den Willen; der Kelch für Inspiration und sensitives Einfühlungsvermögen, für Bewusstsein und inneres Wissen; das Schwert steht für die Genauigkeit des Denkens und für gedankliche Konzepte und die Münze für Beständigkeit und Realität. Mit dieser Karte sind Sie aufgerufen, aktiv zu werden, etwas zu tun – sich für eine Sache mit Leib und Seele zu engagieren, um eine Vision Wirklichkeit werden zu lassen. Hier zeigt sich die reine Yang-Qualität (siehe Seite 81).

Die HOHEPRIESTERIN

II Die Hohepriesterin

hat sich zurückgezogen. Sie horcht in sich hinein, um Anschluss an ihren Schatz an Weisheit zu finden. Jetzt ist die richtige Zeit für Sie gekommen, passiv zu sein, abzuwarten. Sie bringen eine Menge Wissen und Erfahrung mit in dieses Leben, und in einer Zeit des Rückzugs kann es sich nun Bahn brechen und enormes Wachstum bewirken. Geben Sie sich dem Fluss der Gefühle hin, so werden Sie empfänglich für »zarte« Schwingungen und lernen mit dem Herzen zu sehen. Hier zeigt sich die reine Yin-Qualität (siehe Seite 81).

Die HERRSCHERIN

III Die Herrscherin

symbolisiert die Mutter, Mutterschaft im engeren und weiteren Sinne, Kreativität, die innere und äußere Fülle: Sie hat das Zepter in der Hand, zeigt sich in ihrer machtvollen

Weiblichkeit, steht für Fruchtbarkeit und Kreativität; kann aber auch die dominante, verschlingende Mutter sein. Gefühle ergießen sich wie Sturzbäche. Fülle herrscht in jeder Beziehung. Die Herrscherin liebt und genießt das Leben und kann sich voller Hingabe einer Sache widmen. Diese Karte weist Sie darauf hin, dass Ideen, Pläne oder Einsichten geboren werden; Fähigkeiten und Talente wollen entwickelt werden und möglicherweise erstreckt sich die Kreativität auch auf neues Leben (Schwangerschaft).

Der HERRSCHER

IV Der Herrscher

symbolisiert den Vater; er verkörpert Autorität, Klarheit, Struktur, soziale Ordnung und Verantwortung. Er zeigt sich gut gerüstet und machtvoll. Die Rüstung weist gleichzeitig auf seine Verletzlichkeit hin: Er will sich schützen. Jetzt müssen Sie ganz konkret (an einem Thema) arbeiten: Vielleicht soll in Ihrem Leben ein Bereich (neu) geordnet werden, eventuell muss die bestehende Ordnung hinterfragt werden. Möglicherweise geht es für Sie aber auch darum, sich mit Ihrem Vater

Der HIEROPHANT

Die LIEBENDEN

oder Vater-Sein, mit der überlieferten Ordnung auseinander zu setzen.

V Der Hierophant

symbolisiert die Erziehung durch die Gesellschaft, die uns zwingt, gewisse Regeln zu akzeptieren, wenn wir dazugehören wollen. Das konfrontiert uns automatisch mit unseren ethisch-moralischen Maßstäben und der Bereitschaft, hier immer wieder dazuzulernen. Erkennen Sie, welche Position Sie im Moment einnehmen: Sind Sie Lehrender (der Hierophant) oder Lernender (einer der Mönche)? Ihre Position kann sich im Laufe des Lebens immer wieder verändern. Hören sie auf Ihre innere Stimme.

VI Die Liebenden

stehen für den Entwicklungsprozess, in dem wir uns dem anderen Geschlecht zuwenden, oder für die Möglichkeit, gemeinsam etwas zu schaffen, was keinem der Partner allein möglich wäre, entweder Leben (Nachkommen) oder materielle Verwirklichung. Außerdem geht es darum, unsere männlichen und weiblichen Anteile ins Gleichgewicht zu bringen – selbst heil und ganz zu werden. Diese Karte weist Sie darauf hin, dass eine Entscheidung zu treffen ist. (Die Zeit des Abwägens ist vorüber.)

Der WAGEN

VII Der Wagen

zeigt den jungen Menschen, der sich aufmacht, in die Welt hinauszuziehen, um seine eigenen Erfahrungen zu sammeln. Er lässt die Heimat hinter sich. Gut gerüstet zieht er los und ist davon überzeugt, dass er kraft seines Willens und seiner Konzentration alles erreichen kann. Er wird ein starkes Ego entwickeln (nicht zu verwechseln mit »egoistisch werden«). Gehen Sie entschlossen auf das Leben zu, setzen Sie sich ein Ziel und versuchen Sie es zu erreichen.

In der 2. *Reihe* geht es darum, zu schauen, ob Ihre Prägungen für Sie jetzt, im Erwachsenenalter, noch sinnvoll sind. Manche unserer Charakterzüge und Verhaltensweisen mögen wir, andere nicht. Die Zeit ist reif, sich mit den verschiedenen Prägungen auseinander zu setzen, der Weg geht nach innen.

VIII Kraft

weist darauf hin, dass das innere Feuer (dieses entspricht in der Astrologie dem Löwen, der für Sexualkraft und Kreativität steht) sanft und selbstsicher gelenkt wird, damit es gezielt zum Ausdruck gebracht werden kann. Es ist unendlich viel Kraft (Yang-Kraft) vorhanden. Die Kunst besteht darin, sie ausgewogen und harmonisch zu nutzen. Das fällt umso leichter, je bewusster Sie sind, je weniger Sie von Ihren eigenen Persönlichkeitsanteilen auf andere projizieren müssen. Wird Kraft unterdrückt, so wendet sie sich zum »Negativen«: Es besteht die Gefahr, dass sie durch Aggression oder Autoaggression (Depression) zum Ausdruck kommt. Achten Sie in jedem Fall darauf, dass Ihre Kraft nicht von anderen – bewusst oder unbewusst – gelenkt und benutzt wird.

IX Der Eremit

beleuchtet in Zurückgezogenheit (kurzer Rückzug) die Vergangenheit, um zu erkennen, was er verändern muss, damit er nicht immer wieder die gleichen negativen Erfahrungen macht.

Der Wunsch nach persönlicher Erfüllung, einem erfüllten Leben, hat eine innere Ruhelosigkeit ausgelöst. Ruhe und All-ein(s)-Sein für eine kurze Zeit können Sie näher zu sich und zu Ihren eigentlichen Wertvorstellungen bringen, um Ihre alten Standpunkte zu verlassen. Der Zeitpunkt ist gekommen, die Art und Weise, wie Sie die alltäglichen Dinge betrachten, zu verändern. Erst dann haben Sie Zugang zu dem, was für Sie in diesem Leben wirklich wichtig ist: zu Ihrer »Seelenbestimmung«.

RAD des SCHICKSALS

X Rad des Schicksals

weist darauf hin, dass eine Erfahrung auf Sie wartet. Etwas *muss* gelernt werden. Das Schicksal schickt Ihnen eine Erfahrung, eine Situation, die Sie zwingt, sich damit auseinander zu setzen. Das ist wichtig für Sie, um Sie Ihrer Ganzheit ein Stück näher zu bringen. Gelingt es Ihnen, die Situation als *not*wendig (etwas muss sich wenden) zu akzeptieren, wird es Ihnen leichter fallen, damit umzugehen – das ist der Schlüssel, um den Zusammenhang zwischen den äußeren Umständen und

Ihren inneren Mustern zu erkennen. »Rad des Schicksals« tritt auf den Plan, wenn Ihre Seele bereit ist, einen großen Schritt nach vorn zu machen. Versuchen Sie die Dinge so objektiv wie möglich zu betrachten. Achten Sie auf Ihre Emotionen und Reaktionen und auf Ihre Ängste. In der Regel zeigt diese Karte, dass wir eine Erfahrung machen werden, der wir uns freiwillig nicht stellen würden. Natürlich kann sie auch auf eine Wende zum Positiven hindeuten. Möglicherweise hatten Sie bisher eine innere Abwehr, Glück und glückhafte Umstände anzunehmen oder zuzulassen. Und jetzt sind Sie für derartige Erfahrungen offen.

XI Gerechtigkeit

fordert gradliniges Handeln, offenes Abwägen einer Situation, damit Sie zu gerechten und gefühlvollen Entscheidungen kommen. Wie gut Ihnen das gelingt, hängt davon ab, durch welche Brille(n) Sie die Welt betrachten. Hier ist wichtig, nicht rosarot oder schwarz zu sehen, sondern die Dinge so objektiv wie möglich zu betrachten. Es steht jetzt an, zu verstehen, welcher

Zusammenhang zwischen den Entscheidungen, die Sie bereits getroffen haben und/oder treffen müssen, und Ihren inneren und äußeren Konflikten besteht. Durch Verstrickungen in Unklarheiten, Projektionen und Emotionen fühlen Sie sich allein, verlassen und ungerecht behandelt. Suchen Sie den offenen Dialog, um zu innerer Klarheit zu kommen. »Was ist mein Anteil an dieser Situation?« ist eine durchaus sinnvolle Frage. Voraussetzung ist, dass Sie sich aus der Position des Besserwissers, desjenigen, der »drübersteht«, lösen können.

Der GEHÄNGTE

XII Der Gehängte

zeigt, dass es *not*wendig ist, das Problem aus einer völlig neuen Perspektive zu betrachten. Es geht hier nicht um eine kleine, sondern um eine radikale (das heißt an die Wurzel gehende) Veränderung. Theoretisch haben Sie erkannt, dass das Leben Licht- und Schattenseiten hat, dass auch zu Ihrem Leben Höhen und Tiefen gehören. Nun spüren Sie die Bereitschaft, das auch gefühlsmäßig umzusetzen – das heißt, Sie nehmen

Abstand davon, anderen die Schuld zu geben und hohe Erwartungen an sie zu haben. Sie nehmen schmerzliche Erfahrungen innerlich an. Erst jetzt können Sie wieder Vertrauen in Menschen entwickeln – Vertrauen zum Leben und zu sich selbst. Das wird Sie toleranter sich selbst und anderen gegenüber machen. Ziehen Sie sich zurück und schöpfen Sie Kraft.

TOD

XIII Tod

zeigt die Aufforderung loszulassen. Um weiterzukommen, sich entfalten zu können, müssen Sie etwas hinter sich lassen, sonst blockieren Sie sich selbst. Das kann sich auf eine Verhaltensweise, eine Einstellung, Dinge, eine Situation, einen Menschen, einen Ort … beziehen. Vielleicht geht es auch darum, eine Maske abzulegen, die Sie aus Unsicherheit lange benutzt haben, um sich zu schützen. Jetzt regt sich das Verlangen, authentischer, »echter« aufzutreten. Etwas Vertrautes muss zurückgelassen werden. »Tod« bedeutet das unwiderrufliche Ende. Vielleicht ist das Ende schmerzlich, vielleicht spüren Sie aber auch Erleichterung oder Befreiung.

XIV Mäßigkeit (Mischung)

bedeutet, dass Fühlen und Handeln mit Ruhe und Gelassenheit in Einklang gebracht werden. Die Harmonie, die Sie jetzt schaffen, beruht nicht auf Kompromissen, vielmehr zeichnen sich brauchbare Lösungen ab. Sie sind im Gleichgewicht. Frieden im Herzen ist eine wunderbare Voraussetzung, um den Erfordernissen des Lebens ruhig entgegenzutreten. Sie können darauf vertrauen, dass für die anstehenden Aufgaben die dafür notwendige Kraft vorhanden ist.

Die 3. *Reihe* zeigt den Weg zu Seelenreifung durch Selbsterkenntnis. Diese Karten, beginnend mit »Der Teufel«, konfrontieren uns mit unseren »Schattenseiten«, damit wir lernen, diese ebenfalls zu akzeptieren und als zu uns gehörig zu erkennen. Je weiter wir auf dem Weg der Selbsterkenntnis voranschreiten, desto toleranter und liebevoller werden wir mit unseren Mitmenschen umgehen. Das hängt damit zusammen, dass wir erfahren haben, dass wir uns in Verhaltensweisen wieder finden, die wir an anderen aufs Schärfste verurteilt haben. Je mehr wir unsere verdrängten Persönlichkeitsanteile integrieren, desto besser gelingt die Reifung unserer Seele.

Der TEUFEL

XV Der Teufel

macht sich bemerkbar, wenn uns verführerische Chancen winken, von denen wir eigentlich wissen, dass sie auf Kosten anderer gehen. Können Sie einer solchen Verführung widerstehen oder versuchen Sie sich diese schönzureden? Verfolgen Sie nur Ihre persönlichen Ziele und ist Macht Ihr oberstes Ziel? – Der Teufel ist Sklave seiner Triebe und unfähig, gemäß seiner Erkenntnis zu handeln. Wenn er sich hilfsbereit zeigt, ist sein Motiv oft Manipulation. Er zeigt uns unsere weniger moralischen Seiten. Die Jagd nach Genuss und Macht ist sehr verführerisch und kann für eine gewisse Zeit durchaus Befriedigung schenken. Gleichzeitig wächst jedoch die innere Leere. In einer solchen Zeit basteln wir an einem völlig falschen Selbst- und Weltbild. Indem wir all unsere negativen Seiten nach außen projizieren, fühlen wir uns berechtigt, dort dagegen zu kämpfen. Machen Sie andere Menschen für Ihre Situation verantwortlich? »Der Teufel« als Lernaufgabe beinhaltet die Aufforderung an Sie, Ihre Fesseln abzulegen: Seien Sie nicht länger Sklave Ihrer Triebe. Setzen Sie sich auseinander mit all dem, was Sie abgespalten, verdrängt und auf andere projiziert haben.

XVI Der Turm

deutet darauf hin, dass nichts beim Alten bleiben wird. Eine schockierende Erfahrung ist nötig, damit Ihre festgefahrene Haltung durchbrochen werden kann. Diese Karte zeigt eine plötzliche, sehr heftige Konfrontation: Der Blitzschlag vernichtet alles mit einem Schlag. Das Positive daran ist, dass Sie sich jetzt aus den Fesseln der Zwanghaftigkeit befreien können und sogar müssen. Wenn Sie das schaffen, ohne eine anklagende Haltung der Außenwelt gegenüber einzunehmen, haben Sie die Chance, falsche Erwartungen oder Illusionen aufzugeben, und werden dann einen großen Wachstumsschub erleben und gestärkt aus dieser Erfahrung hervorgehen.

Der STERN

XVII Der Stern

symbolisiert das Bedürfnis, das »Eigene« zu entdecken, zum Selbst zu kommen, unabhängig von der Außenwelt. Sie wollen entdecken, was für Sie das Wichtigste im Leben ist. Je mehr Sie sich selbst vertrauen und akzeptieren, desto weniger werden Sie von Ihrer Umwelt in Ihrem Selbstfindungsprozess gestört. Vielleicht nehmen Sie in der Regel eher Rücksicht auf andere. Nun ist es wichtig, dass Sie lernen, sich von den Menschen in Ihrem Umfeld nicht aus dem Gleichgewicht bringen oder ausnutzen zu lassen. Streiten und kämpfen liegt nicht in Ihrem Interesse, Sie wollen Ihren Wesenskern zum Ausdruck bringen, sich selbst leben, den Kanal zu Ihrem Unbewussten öffnen und *geben*.

Der MOND

XVIII Der Mond

weist Sie darauf hin, dass sich das Unbewusste meldet, um Ihnen etwas mitzuteilen (möglicherweise in Träumen, in Tagträumen oder es melden sich »schwierige« und unangenehme Seiten der Psyche, die Aufmerksamkeit fordern). Ängste, von denen Sie nicht einmal wussten, dass sie überhaupt existieren, können in dieser Phase an die Oberfläche drängen. Die Zeitqualität ist günstig: Widmen Sie sich Ihrem inneren Wachstum. Schattenseiten drängen ans Licht, und das bedeutet, dass Sie sich Dingen widmen müssen, die nach den gesellschaftlichen Maßstäben wenig produktiv sind. Lassen Sie Ihr Unbewusstes zu Wort kommen, etwa durch Malen und Tanzen. Erlauben Sie Ihren Gedanken zu kommen und zu gehen. Entspannen Sie sich in der Natur. Gestatten Sie Ihren Ängsten, da zu sein, denn: *Wo viel Angst ist, ist auch viel Kraft.* Diese Kraft kann durch die Aufarbeitung der Ängste freigesetzt werden. Haben Sie das geschafft, fühlen Sie sich wie neugeboren.

Die SONNE

XIX Die Sonne

zeigt, dass der Sprung über die graue Mauer der Begrenzung geglückt ist. Ihre dunklen Seiten haben Sie integriert und dadurch sind Sie nicht mehr so verletzlich. Starrheit und dogmatisches Handeln liegen hinter Ihnen. Sie haben gelernt, sich zu akzeptieren und zu lieben – so, wie Sie sind – und somit auch die anderen. Frei und offen, voll von Energie, durch und durch lebendig und mit kindlicher Freude wenden Sie sich dem Zukünftigen mit all seinen Möglichkeiten zu und reiten dem Erfolg entgegen. Dinge, die Sie jetzt unternehmen, haben enorme Erfolgsaussichten.

XX Gericht

zeigt einen Engel, der zum Aufbruch bläst. Völlig unerwartet bietet sich Ihnen die Möglichkeit, eine große Veränderung zu wagen. Innerlich haben Sie einen langen Entwicklungsprozess durchlaufen und das, was jetzt geschieht, schlummerte bereits längere Zeit unter der Oberfläche. Die Zeit ist reif. Sie haben die Wahl. Die Entscheidung, die Sie treffen, wird auch Auswirkungen auf Ihnen nahe stehende Menschen haben. Sie bekommen eine neue Chance.

Die WELT

XXI Die Welt

zeigt ein androgynes Wesen, weiblich und männlich zugleich (die Brüste sind zu sehen, die männlichen Geschlechtsteile werden von dem lose um den Körper geschwungenen Tuch verdeckt), innerhalb einer Ellipse. Die Verbindung der weiblichen und männlichen Kräfte in uns ist gelungen. Das bietet die beste Voraussetzung für Beziehungen. Erst wenn wir unseren Partner nicht mehr brauchen, nicht mehr abhängig von ihm sind, sind wir wirklich partnerschaftsfähig. Diese ideale Beziehungsform wird durch die Ellipse mit ihren zwei Brennpunkten (den beiden Partnern) symbolisiert.

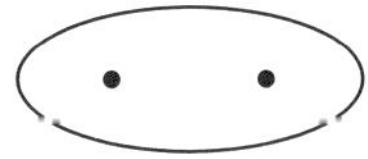

In dieser idealen Beziehungsform bleibt jeder ein eigenständiges Individuum, bewahrt und pflegt seine Individualität *und* ist sich bewusst, dass alles, was er tut, Auswirkungen auf seine Partnerschaft haben wird. Die Partner haben einen Grad der Reife erreicht, der es unnötig macht, einander zu bekämpfen, sich gegenseitig zu kontrollieren oder zu dominieren. Sie sind zu einem größeren Ganzen zusammengewachsen. Sie haben gelernt, dass es größere Kräfte gibt als das Ego, und wissen, wann es an der Zeit ist, einzugreifen oder loszulassen, zu planen oder abzuwarten. Der Mann ist in gutem Kontakt mit seiner weiblichen Seite und es gelingt ihm, der Welt des Gefühls und des Irrationalen einen Platz in seinem Leben einzuräumen. Die Frau ist in dieser Phase in der Lage, ihrer eigenen Identität und Selbstständigkeit eine Form zu geben, ohne hart zu werden, ohne Kampf gegen die Männerwelt oder Konkurrenzverhalten. Jetzt ist echte Harmonie möglich.

Eine andere, weniger reife Beziehungsform ist das symbiotische Sich-eins-Fühlen. Bildlich kann man es als einen Kreis mit nur einem Brennpunkt (dem Mittelpunkt) darstellen; dieser steht für die beiden Partner, die eins zu sein scheinen:

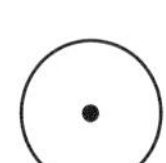

Hier sprechen die Partner meist von »wir«. Jeder fühlt sich durch die persönlichen Angelegenheiten des anderen betroffen, man ist emotional voneinander abhängig, und damit manipulierbar. Es fehlt an persönlicher Freiheit. Die Partner besitzen einander.

Unter der 3. Reihe liegt nun die letzte Karte der großen Arkana.

Der NARR

0 (XXII) Der Narr

tritt auf den Plan, damit sich der Kreis nun nicht einfach schließt, was das Leben zu einem puren »Abstottern der Lebensrunden« machen würde, sondern zu einer Spirale wird. Die Spirale hat eine große Bedeutung im Zusammenhang mit der spirituellen Entwicklung. Sie symbolisiert die beständige Annäherung an ein Ziel, hier die »Seelenreifung«. So sind wir nicht im ewigen Kreislauf gefangen. Der Narr kann Sie eine Stufe höher heben, er bringt die Möglichkeit wieder ins Spiel und erweitert den Kreis so zur Spirale, führt auf die nächste Ebene. Er symbolisiert den Motor, der uns antreiben will, unser Potenzial zu entfalten. Ihn interessiert nicht, ob das, was er auslöst, schicklich, bequem oder einfach ist. Seine Kraft ist vergleichbar mit dem Chaos, dem schöpferischen Chaos, aus dem zur rechten Zeit genau die Impulse aufsteigen, die der Entwicklung dienlich sind. »Der Narr« will, dass wir unser Leben selbst leben, nicht aus zweiter Hand. Echtes Wissen kann nicht aus Büchern kommen, sondern nur durch Lebenserfahrung – durch angenehme und weniger angenehme. Vielleicht spüren Sie eine gewisse Unruhe oder ein Unbehagen in Ihrer jetzigen Lebenssituation. Vertrauen Sie: Sie werden genau die Erfahrung machen, die Ihr Wesenskern braucht, um weiterzukommen. Verlassen Sie sich auf Ihren Instinkt! Das Leben fordert uns immer wieder auf, etwas loszulassen und uns Neuem zuzuwenden, um vollständiger zu werden.

Unsere Seele kann nur reifen, wenn wir erkennen, dass wir Zeit unseres Lebens die Herausforderungen annehmen müssen, um Möglichkeiten für den Prozess der Seelenreifung zu erhalten. Stillstand wäre Rückschritt! Hermann Hesse beschreibt dieses Phänomen in seinem Gedicht »Stufen« mit wundervollen Worten (kursive Hervorhebungen stammen von der Autorin; d. Hrsg):

> Wie jede Blüte welkt und jede Jugend
> dem Alter weicht, blüht jede Lebensstufe,
> blüht jede Weisheit auch und jede Tugend
> zu ihrer Zeit und darf nicht ewig dauern.
> Es muß das Herze bei jedem Lebensrufe
> bereit zum Abschied sein und Neubeginne,
> um sich in Tapferkeit und ohne Trauern
> in andre, neue Bindungen zu geben.
> Und jedem Anfang wohnt ein Zauber inne,
> der uns beschützt und der uns hilft zu leben.
> Wir sollen heiter Raum um Raum durchschreiten,
> an keinem wie an einer Heimat hängen,
> *der Weltgeist will nicht fesseln uns und engen,*
> *er will uns Stuf' um Stufe heben, weiten.*
> Kaum sind wir heimisch einem Lebenskreise
> und traulich eingewohnt, so droht erschlaffen.
> *Nur wer bereit zu Aufbruch ist und Reise,*
> *mag lähmender Gewohnheit sich entraffen.*
> Es wird vielleicht auch noch die Todesstunde
> uns neuen Räumen jung entgegen senden,
> *des Lebens Ruf an uns wird niemals enden..*
> Wohlan denn Herz, nimm Abschied und gesunde!

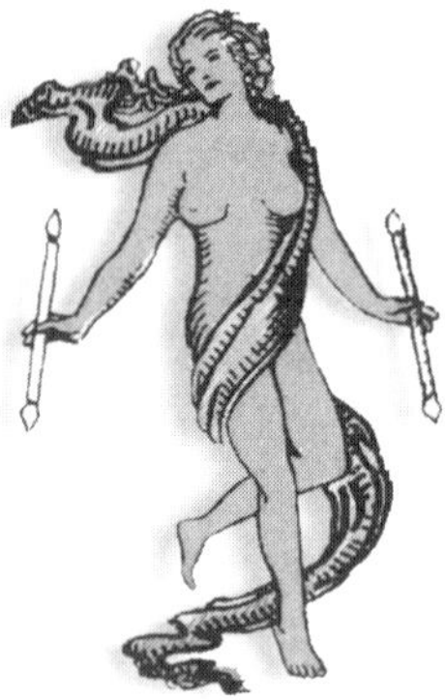

Die 56 kleinen Arkana

Wer sie nicht kennte,
Die Elemente,
Ihre Kraft
Und Eigenschaft,
Wäre kein Meister
Über die Geister.

Goethe, *Faust*

Kelche, Münzen, Stäbe und Schwerter sind die vier Farbreihen der kleinen Arkana, wobei Kelche und Münzen (beides Kreisformen) dem weiblichen, aufnehmenden, passiven Prinzip, dem Yin-Prinzip (der rechten Hirnhemisphäre, siehe Seite 11) zugeordnet werden. Stäbe und Schwerter als aufrecht stehende Form sind männliche Attribute und entsprechen dem aktiven, anregenden, vitalen Yang-Prinzip (der linken Hirnhemisphäre). »Yin« und »Yang« sind zwei polare Gegensätze, die sich gleichzeitig gegenseitig bedingen, und uns so auf die menschliche Grundthematik hinweisen: diese Urpolaritäten in uns ins Gleichgewicht zu bringen, um inneren Frieden zu finden.

»Die Theorie von Yin und Yang« ist der chinesischen Philosophie entlehnt. Diese beiden Begriffe (Yin und Yang) drücken universale Zusammenhänge aus, beschreiben die Beziehung der Dinge zueinander und zum Universum. Sie stehen für den immer währenden Prozess natürlichen Wandels. Yin und Yang beinhalten in sich selbst die Möglichkeit des Gegensatzes und der Veränderung. »Yin« steht für Qualitäten wie: Dunkelheit, Mond, Kälte, Ruhe, Passivität, Empfänglichkeit, das Innere … während »Yang« Helligkeit, Sonne, Hitze, Anregung, Aktivität, Bewegung, das Äußere … repräsentiert. Die Reihenfolge der Farben habe ich entsprechend ihrer Zugehörigkeit zu Yin (Kelche und Münzen) und Yang (Stäbe und Schwerter) geordnet.

Den vier Farben lassen sich außerdem die vier astrologischen Elemente zuordnen, aus denen sich alles zusammensetzt: Kelche repräsentieren Wasser, Münzen Erde, Stäbe stehen für das Element Feuer und Schwerter für Luft. Hier entsprechen Wasser und Erde dem Yin-Prinzip, dem weichen, aufnehmenden, annehmenden, integrierenden Prinzip. Yin schwingt mit, ohne sich selbst aufzugeben oder aufzulösen. Es stellt Verbindung her – auch zu allem, was anders ist. Feuer und Luft sind dem Yang-Prinzip zuzuordnen. Yang will kämpfen, handeln, organisieren, etwas in Bewegung bringen, zurechtbiegen. Es ist eigenmächtig, will die Dinge nach seinem Willen formen, nichts lassen, wie es ist.

Und nun noch einige Stichpunkte zur Verdeutlichung des Bedeutungsgehaltes der vier Farbreihen:

Kelche stehen für das Element Wasser und Yin-Qualitäten wie

- die Seele, das Innenleben, das Unbewusste;
- die Welt der Empfindungen, Gefühle, Stimmungen, Träume, Ahnungen, Fantasie, des Irrationalen;
- innere Wahrnehmung, inneres Wissen, Sinn, Bedeutung, Musik, Kunst, Freude, Trauer, Verlust, Erfüllung;
- mystische, spirituelle, transzendente Erfahrungen …

Münzen stehen für das Element Erde und Yin-Qualitäten wie

- Körper, körperliches Erleben, praktische Fähigkeiten, Gestaltung, manuelle Geschicklichkeit, Früchte der Arbeit (zum Beispiel Geld); konkrete materielle Lebensgestaltung;
- Ereignisse, Fakten, Produkte, Tradition;
- das Verhältnis zu Arbeit, Natur, Gemeinwesen, Erdverbundenheit, Bodenständigkeit, Sicherheit …

Stäbe symbolisieren das Element Feuer und Yang-Qualitäten wie

- Kraft, Wachstum, Dynamik, Aktion, Willen, Lebensenergie, Lebenslust, Leidenschaft, Kreativität;
- Mut; die Welt der Entschlüsse, der Taten, des Engagements, der Macht;
- Unternehmungen und Unternehmen, Auftritt (Sich-zeigen, Identität), Zentriertheit, Selbstvertrauen, Begeisterung, Erfolg;
- die Lust am Ausprobieren, den eigenen Beitrag leisten, persönliche Einflussnahme, kreative Alltagsgestaltung, dynamische Selbstbehauptung, Optimismus …

Schwerter symbolisieren das Element Luft und Yang-Qualitäten wie

- Geist, geistige Energie, Denken, Klären, Bewusstsein, Wissen, Intellekt, Wissenschaft, Kunst;
- Erkenntnis, Einsicht, Entscheidung, Unterschcidung, Beurteilung, Abstraktion, Kommunikation, Kritik, Pessimismus;
- Lernprozesse, Konzepte, Ordnungen, Strukturen, Originalität, Freiheit …

Jede Assoziation, die Ihnen zu dem jeweiligen Element in den Sinn kommt, ist für Ihre Deutung wichtig (zum Beispiel zum Element

Feuer: wärmt, verbrennt, Kerze, Abendrot, Vulkan, Kachelofen, Lagerfeuer, Sonnenglut, Steppenbrand, Leidenschaft, hitzig, schwelend …).

16 Hofkarten ...

Für jede Farbreihe gibt es vier Hofkarten: Bube, Ritter, König, Königin.

Der *Bube* steht für eine Zeit des Experimentierens; er ist unbekümmert wie ein Kind. Er will ausprobieren, um zu lernen wie ein Schüler oder Student. Oft bemerkt er gar nicht, dass es auch Pflichten gibt.

Der *Ritter* ist eine Karte der Aktion. Er hat einen starken Handlungsdrang, ist aber noch unerfahren und deshalb unsicher. Das versucht er zu verbergen und zeigt sich deswegen oft härter, als er ist. Mit seinem engagierten Einsatz kann er viel bewirken, aber Vorsicht ist angeraten.

Der *König* trägt Verantwortung in der äußeren Welt, er wirkt ruhig und besonnen. Durch seine Machtposition muss er nicht um Anerkennung kämpfen (wie der Ritter), die hat er kraft seines Amtes. Es fällt ihm leicht, Dinge zu analysieren. Er sollte darauf achten, seine Macht nicht zu missbrauchen.

Die *Königin* folgt ihrer Intuition und weist den Weg. Sie ist sich darüber im Klaren, dass sie Verantwortung für das trägt, was sie ins Leben und in die Welt einbringt.

Das *Yin-Prinzip* spiegelt sich in Buben und Königinnen; das Yang-Prinzip in Rittern und Königen. Beachten Sie, dass es Karten gibt, bei denen Yin oder Yang zweifach betont ist, etwa bei »Bube der Kelche« – hier haben wir zweimal Yin (der Bube entspricht der Yin-

Qualität und die Farbreihe Kelche, dem Element Wasser verbunden, ebenfalls). »Ritter der Stäbe« beinhaltet zweimal die Yang-Qualität, einmal durch die Stäbe, die dem Element Feuer entsprechen, und außerdem durch die Yang-Qualität des Ritters.

Durch die intensive Beschäftigung mit dem Rider-Waite-Tarot und meine Arbeit als Psychologische Astrologin habe ich entdeckt, dass die Karten die Zeitqualität exakt beschreiben, wenn man die Reihenfolge der Hofkarten ändert, nämlich von »König, Königin, Ritter und Bube« in »Bube, Ritter, König und Königin«. Dies möchte ich hier anhand der Schwert-Hofkarten näher erläutern (zum besseren Verständnis betrachten Sie bitte die entsprechenden Karten):

Das *Schwert* steht für Denken, Klären, Entscheiden. »Bube der Schwerter«, als Lernender, ist im Umgang mit diesen Fertigkeiten noch ziemlich orientierungslos und zögerlich. Dies wird durch die *zehn* über ihm kreisenden Vögel (Symbole für viele Gedanken) deutlich gemacht. Der »Ritter der Schwerter«, als Aktionist, hält sein Schwert fest in der Hand (er hat seine Gedanken im Griff) und weiß genau, in welche Richtung er preschen muss. Hier sind nur noch *fünf* Vögel zu sehen. »König der Schwerter« trägt Verantwortung und analysiert die Lage. Auch er hat sein Schwert fest im Griff, jedoch steht es noch leicht schräg, das heißt, er ist noch im Prozess der Entscheidungsfindung. Seine Gedanken sind bereits geordnet. Deshalb sind auf dieser Karte nur noch *zwei* Vögel zu sehen. Das Schwert von »Königin der Schwerter« steht senkrecht, ihre linke Hand (verbunden mit der rechten Gehirnhälfte, dem intuitiv-ganzheitlichen Denken; siehe Seite 11) weist die Richtung. Die Entscheidung ist getroffen – und es ist nur noch *ein* Vogel zu sehen: ein klarer Gedanke, eine klare Richtung.

Deutungshinweise

BUBE der KELCHE

Bube der Kelche

als Lehrling, als Schüler, steht anmutig wie ein Tänzer und hält seinen Kelch in der Hand. Er schaut interessiert hinein und sucht neue Möglichkeiten im Gefühls- und Beziehungsbereich zu entdecken.

RITTER der KELCHE

Ritter der Kelche

hat sich bereits auf den Weg gemacht; er sitzt auf dem Pferd und trägt seinen Kelch so, dass jeder es sehen kann. Ist der Kelch gefüllt? Was ist drin? Ideale, Visionen? Er selbst kann kaum in ihn hineinsehen, jedenfalls nicht bis auf den Grund – auch ein anderer Mensch, dem er begegnet, kann das nicht. Diese Karte steht erfahrungsgemäß auch für jemanden, der in einer Beziehung nicht verbindlich werden möchte.

KÖNIG der KELCHE

König der Kelche

befindet sich auf unsicherem Terrain, die (emotionalen) Wellen schlagen hoch: Er ist stark mit seiner Gefühlswelt und seiner Intuition verbunden. Als König verkörpert er aber »Verantwortung und Stabilität«. In der rechten Hand hält er einen Kelch und in der linken ein Symbol für Macht. Das steht im Widerspruch zur Zuordnung linke Hand/rechte Gehirnhälfte/Emotion und rechte

Hand/linke Gehirnhälfte/rationales Denken. Um zu innerem Gleichgewicht zu finden, muss er seine Wertigkeiten grundlegend verändern. Er wird ausharren, die Stellung halten, bis die Zeit reif ist. Im Augenblick hat er keine Möglichkeit zu handeln, er sitzt fest. Seine eigentliche Berufung wird zu einem späteren Zeitpunkt sichtbar werden. Jetzt hat er seine kreativen Fähigkeiten auf sozial verantwortliche Aufgaben gelenkt und will ausharren, bis die Zeit reif ist und er das, was er schon lange erfühlt und erahnt, umsetzen kann.

Königin der Kelche

sitzt nahe am Wasser. Ihre Kleider zeigen den fließenden Übergang zu diesem Element – sie ist damit verbunden und hält den Kelch in *beiden* Händen (linke und rechte Gehirnhälfte sind im Einklang). Ihre Konzentration richtet sich auf den Kelch. Allein ihr Kelch unterscheidet sich von den anderen im Spiel – er stellt die Kuppel eines Domes dar mit zwei Engeln. Astrologisch betrachtet bedeutet das, dass die Gefühle sich religiös-spirituell ausdrücken wollen. Sie hat eine starke Verbindung zu ihrer Intuition und zu ihren Gefühlen. Trotz ihres starken Willens, der ihre schöpferische Kraft lenken und in eine besondere Form bringen will, wirkt sie passiv: Aufgrund ihrer Erkenntnisse fällt es ihr leicht, im Hintergrund zu bleiben, um allen um sie herum genü-

BUBE der MÜNZEN

gend Raum zur freien Entfaltung zu gewähren. Sie spürt, was die Menschen in ihrer Umgebung brauchen, und geht einfühlsam mit ihnen um.

Bube der Münzen

ist ein Lernender; er hat noch keine Bodenhaftung, keinen festen Stand. Noch greift er zögerlich nach der Münze, dem Symbol für Konkretes, für etwas, das verwirklicht werden will. Er ist von seiner Münze fasziniert, von dem, was er schaffen will, und bringt wenig Interesse für etwas anderes auf.

RITTER der MÜNZEN

Ritter der Münzen

hat seinen Acker bestellt und sitzt auf dem Ackergaul. Im Moment gibt es nichts mehr zu tun. Er wartet, ob die Saat aufgeht. Er ist verantwortungsbewusst und konservativ. Er kann hart für etwas arbeiten, ohne sich zu beklagen.

KÖNIG der MÜNZEN

König der Münzen

sitzt inmitten von Fülle und Fruchtbarkeit. Er zeigt seinen Reichtum, der ihn zwar beruhigt, aber gleichzeitig unbeweglich gemacht hat (siehe auch im Kapitel 2 unter »Die Besitz-Achse – vom Haben zum Sein«, Seite 32.) Die bestehende Situation will er aufrechterhalten und wenn möglich verbessern. Seine Politik ist die der kleinen Schritte. Da er sehr konservativ ist, will er nichts riskieren. Das Leben meint es gut mit ihm und er ist entschlossen, es zu genießen.

KÖNIGIN der MÜNZEN

Königin der Münzen

hat ein bescheideneres Umfeld als »König der Münzen«. Die Haltung ihres Kopfes zeugt von Demut; sie ist entspannt und gleichzeitig zentriert, nach innen gerichtet. Eingebettet in den Kreislauf der Natur, genießt sie die schönen und guten Dinge dieser Erde, mit Dankbarkeit und Ehrfurcht im Herzen – sie ist verbunden mit der Natur und dem Leben. Außerdem verkörpert sie das Bild eines Menschen, der Fülle schaffen kann, für sich und andere sorgt, ohne jemand anderem oder Mutter Erde zu schaden. Ihre Kreativität und Fruchtbarkeit wird durch den grünen Umhang deutlich, auf dem sie sitzt, und durch den Hasen. Außerdem zeigt es sich darin, dass ihre Münze größer ist als alle anderen. Erst ihr ist es gelungen, ihre Münze »wachsen zu lassen«, da sie voll und ganz in sich ruht.

BUBE der STÄBE

Bube der Stäbe

ein feuriger junger Mann, schaut, was da so alles aus dem Stab sprießt. Er ist bereit, etwas Neues zu unternehmen. Auf eine bestehende Beziehung übertragen, kann das bedeuten, dass man den Versuch wagen kann, das Feuer neu zu entfachen.

RITTER der STÄBE

Ritter der Stäbe

hat kaum gehört, worum es geht, und handelt schon – er reitet voller Elan los. Sein Gesichtsausdruck aber verrät, dass ihn sein eigener Mut bang werden lässt. Sein Handlungsdrang ist so gewaltig, dass er darauf achten sollte, diese Energie in eine positive Richtung zu lenken. Wird sie gebündelt, kann sie viel erreichen. Wird die Energie aber gestreut, werden viele Feuer entzündet und am Ende ist die ganze Energie verraucht bzw. verpufft, ohne dass etwas geschaffen wurde.

KÖNIG der STÄBE

König der Stäbe

sitzt auf seinem Thron, wendet sich jedoch vom Betrachter ab. Sein Stab steht bereits auf dem Boden; das ist ein Zeichen dafür, dass er weggehen, seinen Thron verlassen will. Seine linke Hand ist leer, das heißt, er hat keinen Zugang zur rechten Gehirnhälfte (er ist voll und ganz im Analytisch-Rationalen verankert). Außerdem ist er energisch und will kraft seines Willens überzeugen. Allzu oft bemerkt er in seiner Begeisterung nicht, wie sehr er andere dominiert und überfordert. Das könnte zu Problemen führen. Er muss auf Ausgewogenheit im Umgang mit den Menschen in seinem Umfeld achten. Dafür nimmt er sich nicht gern Zeit, denn in Gedanken plant er schon das nächste Projekt.

KÖNIGIN der STÄBE

Königin der Stäbe

nimmt ihren Platz auf dem Thron ein – und das voll und ganz. In der Rechten hält sie den Stab und in der Linken eine Sonnenblume: Symbol für die Kraft des Unbewussten. Sie ist ganz präsent und übernimmt ihre Verantwortung. Zudem ist sie stark und liebt das Leben warm und leidenschaftlich. Sie weiß, was sie will, und setzt das auch engagiert um. Daraus macht sie kein Geheimnis, denn sie ist offen und aufrichtig und liebt es, Aufmerksamkeit zu bekommen.

BUBE der SCHWERTER

Bube der Schwerter

schaut in die eine Richtung und hält das Schwert in die andere, das zeigt, dass er nicht wirklich bereit ist, sich mit den Problemen auseinander zu setzen. Er ist so mit seiner Selbstdarstellung beschäftigt, dass er den aufziehenden Sturm und die herannahenden Wolken gar nicht bemerkt. Er muss lernen, verantwortungsbewusste Entscheidungen zu treffen. Vielleicht sieht er nicht, dass eine Entscheidung ansteht. Die zehn Vögel symbolisieren seine Gedanken – wie schwer es ihm fällt, sich für eine Richtung zu entscheiden.

RITTER der SCHWERTER

Ritter der Schwerter

verfolgt sein Ziel voller Überzeugung. Aggressiv setzt er sich durch. Nichts kann ihn aufhalten. Dahinter verbirgt sich seine Unsicherheit und die Angst, nicht ernst genommen zu werden. Ohne Rücksicht wird er versuchen, zu verwirklichen, woran er glaubt.

KÖNIG der SCHWERTER

König der Schwerter

analysiert die Lage. Dank seines starken Intellekts verschafft er sich schnell einen Überblick und weiß wohlüberlegt zu handeln. Gefühle und Emotionen finden da keinen Platz. Das könnte zu Problemen führen.

KÖNIGIN der SCHWERTER

Königin der Schwerter

sieht die Dinge so, wie sie sind, und nicht, wie sie sie gern haben möchte. Sie hat das Schwert der Unterscheidung verwendet, um sich von Zweifel, Verwirrung und Angst zu befreien. Trotz schwieriger Erfahrungen und einiger Rückschläge streckt sie der Welt ihre Hand offen entgegen. Sie kennt den Weg.

… und 40 Zahlenkarten

Es gibt jeweils zehn Zahlenkarten in einer Farbreihe. Diese geben uns konkrete Hinweise – auch auf die Prozesse in unserer Psyche. Hier wird die Eins durch das *Ass* verkörpert. Auf jeder der Ass-Karten ist eine Hand zu sehen, die herausreicht aus einer Wolke und das Symbol der jeweiligen Reihe hält. Das Ass enthält das gesamte Potenzial der Farbreihe und das steht Ihnen auch zur Verfügung, wenn Sie eine dieser Karten ziehen. Nutzen Sie es!

Deutungshinweise

Ass der Kelche

Das ganze Potenzial des Unbewussten, Ihrer Gefühlswelt und Spiritualität steht im Überfluss zur Verfügung. Es besteht die Chance, dass Ihre Liebe zu sich selbst und somit zu allem wachsen kann.

Zwei der Kelche

Hier geht es um offenen Austausch auf gleicher Ebene. Seien Sie bereit, den Partner als Spiegel zu akzeptieren.

Drei der Kelche

Eine Zeit der Lebenslust, der Freude und des Miteinander-Feierns als Unterbrechung einer sehr engagierten Arbeitsweise.

Vier der Kelche

Es ist keine Offenheit für Neues da, das Sie jedoch dringend brauchen, damit Sie nicht erstarren. Der Kelch, der wahrgenommen, aber nicht beachtet wird, bietet Ihnen eine große Chance, aus kindlichen Gefühlsmustern auszusteigen.

Fünf der Kelche

Etwas ist unwiederbringlich verloren. Anstatt in der Trauer um das Verlorene und in Selbstmitleid zu verharren, könnten Sie eine innere Wandlung vollziehen und das wahrnehmen, was geblieben ist. Es fällt schwer, sich von bestimmten Gefühls- und Bewertungsmustern zu verabschieden. Eine gefühlsmäßige Neuorientierung ist gefordert.

Sechs der Kelche

Hier zeigt sich ein kindliches oder »märchenhaftes« Bild von Nähren und Genährt-Werden. Wenn es Ihnen gelingt, Wunschträume und Realität zu unterscheiden, werden Sie zu wirklichem Glück finden.

Sieben der Kelche

Sie werden vor Illusionen (über sich selbst) gewarnt oder erhalten eine Chance, durch eine bewusste Entscheidung den Weg der Seele anzutreten.

Acht der Kelche

Hier finden Sie eine stabile, reiche Gefühlslage vor – fast schon starr, aber etwas fehlt noch. Sie machen sich auf den Weg, um zu entdecken, was noch fehlt, um vollständiger, heiler zu werden.

Neun der Kelche

Sie genießen mit allen Sinnen. Es ist Vorsicht geboten, damit Sie nicht zu oberflächlich nur hinter Genuss und Freude herjagen. Lassen Sie Ihr Herz sprechen.

Zehn der Kelche

Diese Karte steht für Glück, Freude und gefühlsmäßige Erfüllung. Speziell in unserer Zeit gilt: Sind die Eltern miteinander im Einklang, geht es auch den Kindern gut.

Ass der Münzen

Diese Karte steht für maximales Energiepotenzial, um Ergebnisse in der konkreten Welt zu verwirklichen. Bleiben Sie dran. Der Einsatz lohnt sich (das kann sich auf eigene Fähigkeiten beziehen oder auf den Beginn einer Beziehung).

Zwei der Münzen

Es ist anstrengend, die Dinge im Gleichgewicht zu halten – äußerlich wirkt man vielleicht locker, innerlich jedoch ist man höchst angespannt. Scheuen Sie das Risiko, sich für eine Seite zu entscheiden? Ist es Ihnen möglich, zu akzeptieren, dass Sie nicht alles haben können?

Drei der Münzen

Zusammenarbeit ist gefordert, um ein Ziel zu erreichen – entweder auf der materiellen oder auf der spirituellen Ebene.

Vier der Münzen

Sie sind völlig auf die Materie ausgerichtet. Das schränkt Ihre Handlungs- und Bewegungsfreiheit ein und schneidet Sie vom Lebensfluss ab.

Fünf der Münzen

Eine »schwierige« Situation wird aufgrund Ihrer Angst vor Veränderung aufrechterhalten. Noch ist Zeit zur Umkehr. Sobald Sie den eigenen Anteil an der Situation erkennen, wissen Sie, welcher Schritt sie aus der Misere herausführen wird. Die Liebe zweier Menschen, die in einer solchen Situation zusammenhalten, ist förderlich; der Zugang zum »Licht« ist noch nicht gefunden.

Sechs der Münzen

Sie sind in der glücklichen Lage, geben zu können. Dabei wägen Sie genau ab, was sie wirklich bereit sind zu geben, denn Sie würden nichts »verschenken« wollen, was Sie danach wirklich missen.

Sieben der Münzen

Sie blicken auf etwas fast Vollendetes. Die Vollendung gelingt jedoch nicht mit den bewährten Methoden. (Das letzte Blatt bleibt nicht beim Blätterhaufen). Geben Sie nicht auf. Viel Geduld ist erforderlich. Am besten suchen Sie nach einer neuen Strategie.

Acht der Münzen

Sie identifizieren sich völlig mit ihrer Arbeit. Bald ist Ihr Vorhaben abgeschlossen. Indem Sie es der Gesellschaft zur Verfügung stellen, sammeln Sie Erfahrungen für Ihr nächstes Projekt.

Neun der Münzen

Genießen Sie Ihren Reichtum und freuen Sie sich des Überflusses. Selbstständig und diszipliniert haben Sie Ihre Ziele verfolgt, auch wenn Sie sich oft allein gelassen fühlten.

Zehn der Münzen

Auf der materiellen Ebene ist alles vorhanden. Diese Sicherheit kann in Langeweile ausarten und wenn Sie daran festhalten wollen, engen Sie sich ein. Eigentlich wäre nun gemeinsames Genießen an der Reihe. Achten Sie darauf, dass die Kommunikation in Fluss bleibt, sonst geht oder lebt man aneinander vorbei.

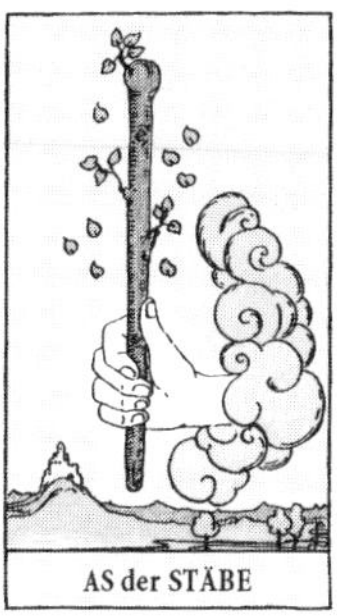

Ass der Stäbe

Das maximale Potenzial an Lebenslust, Leidenschaft und Kreativität treibt zum Wachstum an. Jetzt haben Sie die Kraft, sich neuen Herausforderungen zu stellen. Trotzdem: Überstürzen Sie nichts.

Zwei der Stäbe

Die Ziele, die Sie sich gesetzt haben, sind erreicht. Jetzt erkennen Sie, dass es noch etwas anderes geben muss als Erfüllung in der materiellen Welt.

Drei der Stäbe

Ihr Erfolg hat Sie stark und ruhig gemacht. Sie halten das Bestehende fest und »senden Ihre Boote aus«. Für Neues sind Sie immer empfänglich. Sie haben es nicht nötig, Risiken einzugehen.

Vier der Stäbe

Sie haben es geschafft, die schützenden Mauern zu verlassen. Fröhlich und unbeschwert treten Sie dem Leben entgegen. Mit Optimismus stellen Sie sich dieser Phase der Veränderung. Jetzt sind Sie dabei, sich vom Alten zu lösen, um den Beginn von etwas Neuem nicht zu verpassen.

Fünf der Stäbe

Spielerisches Messen der Kräfte, möglicherweise in der Kommunikation, um sich abzugrenzen. Werden Sie sich Ihrer inneren Unruhe bewusst, damit Sie sich nicht in Auseinandersetzungen verwickeln!

Sechs der Stäbe

Der Sieg ist errungen. Trotzdem wollen Sie hier nicht innehalten, sie wollen es nicht dabei bewenden lassen. Ihr starkes Selbstvertrauen wird andere inspirieren, Ihnen zu folgen.

Sieben der Stäbe

Sie fühlen sich zu Kampf und Verteidigung herausgefordert, obwohl Sie eine sichere, starke Position haben und keine Angreifer zu sehen sind. Überprüfen Sie die Realität, indem Sie Ihre Ängste aufmerksam wahrnehmen. Aus Gewohnheit gehen Sie davon aus, dass andere Sie auf Ihrem Weg behindern wollen.

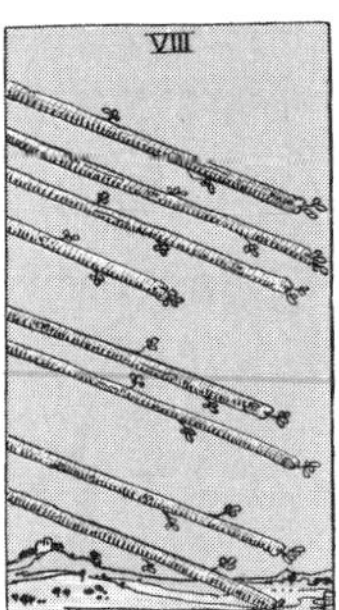

Acht der Stäbe

Gebündelte Energie liegt in der Luft. Noch können Sie Einfluss darauf nehmen, wohin sie gelenkt werden soll. Sehr bald wird etwas abgeschlossen. Das ist nötig, weil das Neue schon im Ansatz vorhanden ist.

Neun der Stäbe

Vergessen Sie die Verletzungen, die sie erleiden mussten. Misstrauen bringt sie nicht weiter. Nutzen Sie Ihre Kraftquellen, damit kein Energiestau entsteht und sich keine aggressiven Kräfte entwickeln, die Ihrer Kontrolle entgleiten könnten.

Zehn der Stäbe

Sie sehen »vor lauter Wald die Bäume nicht«. Es genügt nicht allein, die Initiative zu ergreifen, das alles zieht eine Menge Arbeit und Verantwortung nach sich. Halten Sie inne, um sich neu zu organisieren. So haben Sie genügend Energie, ein Thema nach dem anderen Schritt für Schritt zu lösen und abzuarbeiten.

Ass der Schwerter

Maximales Potenzial steht Ihnen zur Verfügung, um die Tatsachen klar zu erkennen, Knoten zu lösen, Entscheidungen zu fällen, zu einer entscheidenden Einsicht zu kommen.

Zwei der Schwerter

Sie grenzen sich nach Außen ab, »machen dicht«, um selbstkritisch zu betrachten, inwieweit Sie selbst nach Ihrem eigenen Wertesystem leben oder ob eher der Satz zutrifft: »Grau ist alle Theorie«.

Drei der Schwerter

Es sind emotional schwierige Zeiten. Schmerzhafte Entscheidungen wurden gefällt. Dem Kummer kann man nicht ausweichen, er muss durchlebt werden.

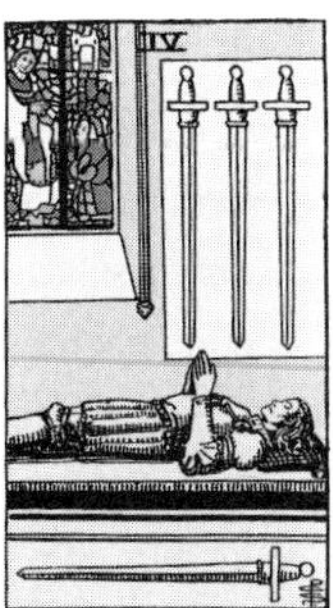

Vier der Schwerter

Sie haben das Gefühl festzustecken. Deshalb brauchen Sie Rückzug, Zeit zur Besinnung, um neue Kräfte zu sammeln. Der Aufbau einer neuen Struktur steht an.

Fünf der Schwerter

Nach Streitigkeiten gibt es Verlierer und einen (rechtmäßigen?) Gewinner. Die Emotionen schlagen hoch. Liebe und Hass sind die zwei Seiten einer Medaille – die beiden extremsten, intensivsten Möglichkeiten, wie wir an Menschen gebunden sein können. Um zur Liebe, zum liebevollen Umgang mit anderen Menschen in der Lage zu sein, müssen wir erst uns selbst lieben, so wie wir sind.

Sechs der Schwerter

Aufbruch zu neuen Ufern. Die alte Situation wird endlich verlassen. Das Neue wird sich finden. Die Veränderung findet auf der äußeren Ebene statt. Allerdings haben Sie die alten Denkmuster noch im Gepäck.

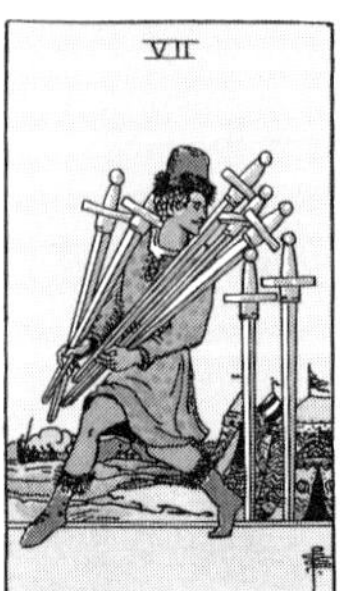

Sieben der Schwerter

Aus Gewohnheit werden die wahren Absichten und Pläne verheimlicht. Sie versuchen, andere auszutricksen, um sich selbst Vorteile zu verschaffen. Die Folgen wurden nicht ausreichend beachtet bzw. es kommt anders, als man denkt. Die Karte warnt auch vor Intrigen.

Acht der Schwerter

Sie glauben an Ihre Hilflosigkeit. Haben Sie Vorurteile oder ungeprüft übernommene Meinungen zur Wirklichkeit oder Wahrheit erhoben und sich selbst damit eingeengt und beschränkt? Sie stecken nur gedanklich fest (die Fesseln sind sehr locker). Machen Sie die Augen auf! Lösen Sie sich von alten Denkschemata und leben Sie Ihr Leben in Selbstverantwortung.

Neun der Schwerter

Wachen Sie auf, bleiben Sie nicht in einem Alptraum gefangen. Ihr ganzes Denken bezieht sich auf Probleme und Schwierigkeiten. Sobald Sie die Augen öffnen, sehen sie auch das Schöne im Leben. Gehen Sie wieder auf das Leben zu!

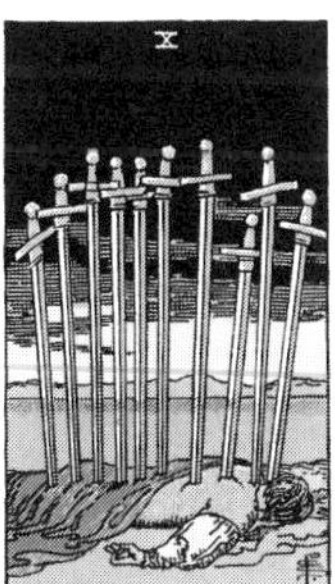

Zehn der Schwerter

Hysterie herrscht, eine Situation wird äußerst übertrieben oder einseitig betrachtet. Sie haben sich in etwas verrannt und empfinden den Zustand als unerträglich. Innere Veränderung wird das Blatt wenden.

3.

Und so wird's gemacht!

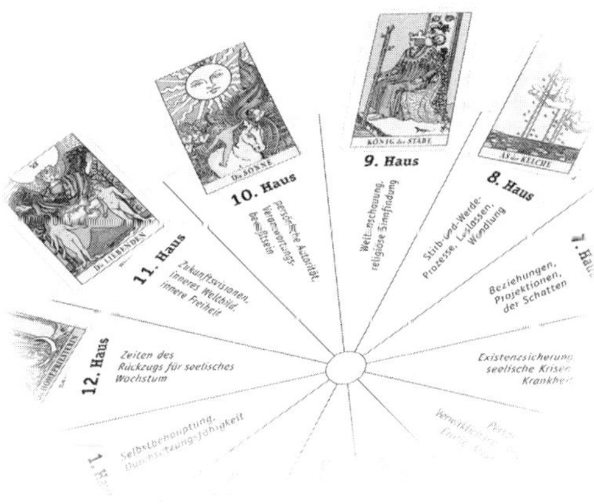

TarAstro – die Karten auslegen

Falten Sie den Legeplan auf. Nehmen Sie das Kartendeck in die Hand, stimmen Sie sich auf Ihre Thematik ein: hören Sie ruhige Musik, meditieren Sie vorab … und fangen Sie allmählich an, die Karten zu mischen.

Jetzt gibt es verschiedene Möglichkeiten, die Karten zu ziehen. Sie können mehrere Stapel machen, diese neu zusammensetzen und dann zwölf Karten abnehmen oder Sie ziehen die Karten einzeln aus dem Stapel. Vielleicht breiten sie die Karten aber auch fächerartig vor sich aus, fahren mit einer Hand darüber und nehmen die Karte auf, bei der Sie ein Kribbeln oder Wärme verspüren.

Egal, welche Methode Sie anwenden, Sie legen jeweils die für den Themenbereich gezogene Karte verdeckt der Reihenfolge nach außen an jedes Haus an. Natürlich können Sie auch nur für eine oder mehrere Achsen Karten ziehen, wenn Sie sich ein bestimmtes Thema in Ihrem Leben näher anschauen wollen.

Wichtig ist: Gehen Sie bedächtig vor, nehmen Sie sich Zeit … und sorgen Sie vorher dafür, dass Sie während Ihrer *TarAstro*-Sitzung nicht gestört werden (stellen Sie den Anrufbeantworter an und sagen Sie den Mitgliedern Ihrer Familie Bescheid).

Ziehen Sie die Karten automatisch mit der rechten Hand, so sagt das aus, dass Sie sich mit dem Thema eher rational auseinander setzen. Sie wollen im Kopf eine Lösung finden und sich nicht mit Ihren Gefühlen (ausgedienten Mustern) konfrontieren. Nehmen Sie die

Karten mit der linken Hand auf, dann deutet das darauf hin, dass Sie emotional engagiert sind und das Herz mit einbezogen ist. Konfliktfähigkeit und damit die Bereitschaft zur Veränderung ist vorhanden: Die Karte, die für das jeweilige Haus gezogen wird, zeigt die aktuelle Thematik dieses Bereiches auf und weist auf Lösungsmöglichkeiten hin (siehe hierzu unter »Deutungsbeispiel«, Seite 120).

Es ist eine wichtige Voraussetzung, offen für die Bilder zu sein, um sich die Bedeutung der Karten zu erschließen. Blockieren Sie nichts, was die Bilder bei Ihnen auslösen, lassen Sie Gefühle, Bilder und Gedanken einfach fließen. Unterscheiden Sie dabei, was Wunschträume sind und was Sie ganz deutlich fühlen. Ob Vorkenntnisse vorhanden sind oder nicht, ist nicht wesentlich: Je stärker Sie Ihrer Intuition vertrauen, umso schneller erkennen Sie, worum es im Grunde geht. So kann das Kreative des Unbewussten Ihr Leben bereichern. Sie brauchen niemanden, der Ihnen den Weg weist – Sie können ihn selbst finden mit *TarAstro*. Diese Methode ist ein zeitgemäßes Instrument, um Ihre derzeitige Situation in kurzer Zeit zu analysieren und Entscheidungshilfen zu geben.

Gehen Sie vor wie folgt:

- Nachdem Sie die Karten verdeckt außen an den Legeplan angelegt haben, wobei Sie bei Haus 1 begonnen haben und dann der Reihenfolge nach vorgegangen sind (als letzte haben Sie die Karte für Haus 12 gezogen),
- können Sie die Karten Schritt für Schritt (Achse für Achse) aufdecken. Sie beginnen bei der Begegnungsachse Haus 1/Haus 7 mit der Deutung.
- Decken Sie die Karte für Haus 1 auf und lassen Sie diese auf sich wirken. Versuchen Sie, die Bedeutung intuitiv zu erfassen.

- Am besten ist es, Sie schreiben sich Ihre Gedanken auf, damit nichts verloren geht – in Ihr *TarAstro*-Tagebuch.
- Dann können Sie die Kurzdeutung für die entsprechende Karte lesen.
- Jetzt kommen wir zum wichtigsten Schritt: Beide Aussagen, die der Karte und die des Hauses, werden zueinander in Beziehung gesetzt. (Wie das geht, können Sie konkret unter »Deutungsbeispiel«, Seite 120, nachlesen.)
- Danach decken Sie die Karte für das 7. Haus auf. Wenn Sie diese in ihrer Bedeutung für dieses Haus analysiert haben, gehen Sie dazu über, die ganze Begegnungsachse zu deuten. Jetzt kann es hilfreich sein, den Text zur Begegnungsachse zu lesen (siehe Seite 28).

Haben Sie die sechs Achsen in dieser Art bearbeitet, dann betrachten Sie nochmals alle ausgelegten Karten. Lassen Sie sich dabei von folgenden Fragen begleiten:

- An welchen Feldern liegen Karten der großen Arkana? Das jeweilige Feld und somit auch das gegenüberliegende sind von großer Bedeutung, stehen im Augenblick im Brennpunkt.
- Wie viele große Arkana sind im Spiel? Je mehr, desto bedeutsamer ist diese *TarAstro*-Auslage.
- Wie viele Karten sind von jedem Element (Wasser, Erde, Feuer und Luft) vorhanden? (Siehe Seite 82.) Von welchem Element sind die meisten Karten ausgelegt, von welchem die wenigsten? Oder ist die Gewichtung eher gleichmäßig? Fehlt eines ganz?

- Zum Schluss addieren Sie die Zahlenwerte der Karten und bilden die Quersumme so lange, bis Sie eine Zahl erhalten, die nicht größer ist als 22. Beachten Sie dabei Folgendes: die großen Arkana zählt man nach der römischen Zahl, die oben mittig zu sehen ist; der Narr hat dabei den Zahlenwert 22; genauso verfährt man mit den Zahlenkarten der kleinen Arkana (wobei hier die jeweils auf der Karte zu sehende römische Ziffer übereinstimmt mit der Anzahl der abgebildeten Kelche, Münzen, Stäbe und Schwerter); das Ass zählt 1; Bube, Ritter, König und Königin haben keinen Zahlenwert. Die Karte der großen Arkana mit der errechneten Ziffer (Quersumme) legen Sie neben die ausgelegten Karten. Sie wird als »Signifikator« bezeichnet und beschreibt, welcher Teil (= Archetyp, symbolisiert durch die große Arkana, die diesem Zahlenwert entspricht) von Ihnen in der jetzigen Situation gefordert ist oder gefördert wird, das heißt nach Entwicklung drängt.
  Ein Beispiel: Wenn die Summe der von Ihnen ausgelegten Karten 144 ergäbe, wäre die Quersumme 1+4+4=9. Der Neun entspricht die Karte »Der Eremit«, sie ist somit »Signifikator« für diese Auslage. Unter »Die 22 großen Arkana« (Seite 58) können Sie nun nachlesen, was in Ihnen nach Entwicklung drängt, was Ihr Thema ist.
- Die Auslage ist dann von ganz besonderer Bedeutung, wenn eine Ihrer »persönlichen Karten« (siehe »Ihre persönlichen Karten«, gleich im Anschluss) im Spiel ist. Das Haus, in dem sie liegt, ist besonders bedeutsam.

IHRE »PERSÖNLICHEN KARTEN«

Aus Ihrem Geburtsdatum errechnen sich:

- Ihre Persönlichkeitskarte
- Ihre Wesenskarte
- Ihre Schattenkarte

Die *Persönlichkeitskarte* zeigt, welche Persönlichkeitsmerkmale Sie mühelos entwickeln und was Sie schon früh im Leben lernen (was vielleicht schon von Anfang an da war), weil Sie damit in Einklang stehen.

Die *Wesenskarte* zeigt die Bestimmung Ihrer Seele, Ihre inneren Werte, die zum Ausdruck gebracht werden wollen und die Sie befähigen, in Ihrem Leben Erfüllung zu finden.

Die *Schattenkarte*, die Karte der verborgenen Seite, zeigt Aspekte von Ihnen, die Sie fürchten, ablehnen oder nicht sehen. (Zum Begriff »Schatten« siehe Seite 28.) Hier werden wir mit unseren Grenzen und Ängsten konfrontiert.

Bei allen drei Karten handelt es sich stets um große Arkana!

Persönlichkeits-, Wesens- und Schattenkarte berechnen

Addieren Sie den Tag, den Monat und das Jahr Ihres Geburtstages. Zum Beispiel: 11+3+1969=1983. Bilden Sie die Quersumme: 1+9+8+3=21. Die große Arkana mit der Ziffer XXI ist in diesem Fall die entsprechende *Persönlichkeitskarte*, das ist »Die Welt«. Ergibt sich eine zweistellige Zahl, die größer ist als 22 (»Der Narr«), dann bilden Sie noch einmal die Quersumme; bei 26 wäre das zum Beispiel 2+6=8, was der Karte VIII (»Kraft«) entspricht.

Haben Sie nun auf diese Art Ihre Persönlichkeitskarte errechnet, so können Sie es sich einfach machen, sich weiteres Rechnen ersparen, und die Ziffer von Wesenskarte und Schattenkarte (soweit es in Ihrem Fall eine gibt; siehe hierzu die Tabelle auf S. 117) einfach der nachfolgenden Tabelle entnehmen.

Für diejenigen unter Ihnen, die gern selbst rechnen wollen, erkläre ich im Folgenden, wie Sie die beiden anderen »persönlichen Karten« berechnen: Bilden Sie erneut die Quersumme aus den Ziffern der Persönlichkeitskarte (hier: 21, also 2+1=3). Die Karte der großen Arkana mit dieser Ziffer entspricht der *Wesenskarte*. In unserem Beispiel handelt es sich um die Karte III, »Die Herrscherin«. Liegt die errechnete Zahl nun zwischen 1 und 9, so sind Persönlichkeits- und Wesenskarte identisch (siehe S. 117 Tabelle). Das bedeutet, Ihre Zielrichtung im Leben ist eindeutiger.

Außerdem ist für Sie jeweils die Karte der kleinen Arkana einer jeden Farbreihe von besonderer Bedeutung, die der Zahl Ihrer Wesenskarte entspricht. In unserem Beispiel wären das die »Drei der

Persönlichkeitskarte	*Wesenskarte*	*Schattenkarte*
1	*1*	*10 und 19*
2	*2*	*11 und 20*
3	*3*	*12 und 21*
4	*4*	*13 und 22*
5	*5*	*14*
6	*6*	*15*
7	*7*	*16*
8	*8*	*17*
9	*9*	*18*
10	*1*	*19*
11	*2*	*20*
12	*3*	*21*
13	*4*	*22*
14	*5*	–
15	*6*	–
16	*7*	–
17	*8*	–
18	*9*	–
19	*10* (*X, »Rad des Schicksals«, nicht Wesens-, sondern Unterweisungskarte)*	*1*
20	*2*	*11*
21	*3*	*12*
22	*4*	*13*

Kelche«, »Drei der Münzen«, »Drei der Stäbe« und »Drei der Schwerter«. Diese geben Ihnen Hinweise auf Situationen oder Gegebenheiten, die in Ihrem Leben immer wieder auftauchen und Sie zur Entwicklung anregen wollen.

Besonderheit: Ist die Ziffer Ihrer Persönlichkeitskarte 19, dann sind Sie ein »19–10–1-Typ«, das heißt, Sie haben die Karte mit der Ziffer X, »Rad des Schicksals«, als *Unterweisungskarte*. Diese Karte ist hier als Lernkarte zu verstehen. Das Leben bringt Ihnen die Erfahrungen, die Sie brauchen, um Ihre reichhaltigen Talente einsetzen zu können; sie werden regelrecht dazu gezwungen. Das Leben konfrontiert Sie mit den verschiedensten Erfahrungen, damit Sie es aus eigener Einsicht schaffen, Ihre Standpunkte zu verändern.

Die Quersumme der *Schattenkarte* ergibt die gleiche Ziffer wie die Quersumme der Persönlichkeits- und auch der Wesenskarte.

Besonderheit: Persönlichkeitskarten von 14 bis 18 haben keine verborgene Seite. Sie tragen den Schatten in sich.

Die Menschen, deren Persönlichkeits- und Wesenskarte 1, 2, 3 oder 4 ist, haben jedoch zwei Schattenkarten:

- Ist die Zahl der Persönlichkeits- und Wesenskarte 1, so entsprechen dem die 10 (10=1+0=1) und die 19 (19=1+9=10=1+0=1) als Zahl der Schattenkarten.
- Der 2 entsprechen die 11 (11=1+1=2) und die 20 (20=2+0=2).
- Der 3 entsprechen die 12 (12=1+2=3) und die 21 (21=2+1=3).
- Der 4 entsprechen die 13 (13=1+3=4) und die 22 (22=2+2=4).

Wann oder wie oft Sie die Karten nach dem System des *TarAstro* auslegen, das bestimmen Sie selbst! Sie können diese Methode zu einer Bestandsaufnahme Ihrer aktuellen Situation nutzen oder wenn für Sie eine wichtige Entscheidung ansteht. Im letzten Fall zeigen die Karten Ihnen, wie sich diese Entscheidung auf die unterschiedlichen Lebensbereiche auswirken wird. Natürlich ist es auch möglich, *TarAstro* an Ihrem Geburtstag als Hinweis auf das, was im kommenden Lebensjahr auf Sie zukommt, zu legen oder an einem der acht Jahreszeitenfeste:

- Mariä Lichtmess (2. Februar),
- Frühjahrs-Tagundnachtgleiche (21. März),
- Walpurgisnacht (vom 30. April zum 1. Mai),
- Sommersonnenwende (21. Juni),
- Lammas (1. August),
- Herbst-Tagundnachtgleiche (21. September),
- Halloween (die Nacht 31. Oktober/Allerheiligen),
- Wintersonnenwende (21. Dezember).

Nutzen Sie dieses Legesystem, wann immer Sie es für sich als sinnvoll erachten!

Wichtig ist nur: Bevor Sie beginnen, definieren Sie genau, ob die Karten eine Momentaufnahme darstellen oder einen bestimmten Zeitraum beschreiben sollen.

Deutungsbeispiel

Carmen, geboren am 14.2.1967, legt die Karten, um sich darüber klar zu werden, in welchem Lebensbereich sie jetzt am effektivsten an der Entwicklung ihrer Persönlichkeit arbeiten kann.

Sie zieht folgende Karten (beginnend bei Haus 1): »Neun der Kelche«, »Zwei der Stäbe«, »Drei der Schwerter«, »Die Sonne«, »Vier der Schwerter«, »Zehn der Münzen«, »Fünf der Stäbe«, »König der Stäbe«, »Fünf der Kelche«, »Der Stern«, »König der Münzen«, »Königin der Kelche«. Damit Sie dieses Beispiel besser nachvollziehen können, legen Sie die von Carmen gezogenen Karten am Legeplan an.

Als Erstes berechnet sie ihre »persönlichen Karten« und geht dann Schritt für Schritt vor, um die ausgelegten Karten für sich zu deuten:

Die »persönlichen Karten«

14+2+1967=1983. Daraus ergibt sich die Quersumme: 1+9+8+3=21. Die Karte XXI, »Die Welt«, ist Carmens *Persönlichkeitskarte*. Sie zeigt auf, mit welchen Persönlichkeitsmerkmalen sie in Einklang steht, was ihrer persönlichen Schwingung entspricht. Konkret bedeutet das, dass ihre Grundlebenshaltung die folgende ist: »Ich weiß, was unter bestimmten Voraussetzungen passiert.« Deshalb unterliegt Carmen immer wieder dem Trugschluss, dass sie sich bestimmte Erfahrungen »eigentlich sparen kann«. Und so schiebt sie von Zeit zu

Zeit notwendige Veränderungen vor sich her und beschwichtigt sich selbst damit, dass sie ja sowieso schon wisse, welches Ergebnis ihr Handeln hätte. Immer wenn sie in ihrem Leben an einen Punkt kommt, der innere Veränderung fordert (das heißt, immer wenn eine Überprüfung ihrer Lebenshaltung ansteht) und sie sich verweigert, zeigt sich diese Starrheit auf der körperlichen Ebene ganz deutlich, etwa in einem steifen Nacken. Ihr ist allerdings bewusst, dass sie halsstarrig ist.

Die III (2+1=3), »Die Herrscherin«, ist ihre *Wesenskarte* und sie zeigt die Bestimmung ihrer Seele, die inneren Werte, die entwickelt und gelebt werden wollen, damit sie im Leben Erfüllung finden kann. Für Carmen geht es darum, nicht nur mit der äußeren Fülle (der Fruchtbarkeit rund um die Herrscherin) zufrieden zu sein, sondern ihre Kreativität fließen zu lassen. Ihre machtvolle Weiblichkeit will Neues ins Leben rufen, Dinge, die in ihr reifen, wollen geboren werden. Das bedeutet, dass sie sich der Arbeit und den Schmerzen des »Gebärens« stellen und die Verantwortung für das Geschaffene übernehmen muss. Ihre Kreativität (Wasserfall) ist stark und unerschöpflich. Es steht an, diese Kraft zu lenken.

Die Karte XII (1+2=3), »Der Gehängte«, ist ihre *Schattenkarte*. Sie zeigt Aspekte, die Carmen fürchtet, ablehnt, nicht sieht oder nicht sehen will. »Der Gehängte« fordert den freiwilligen Rückzug, um zur »Erleuchtung« zu finden, zur Umkehrung der Lebensphilosophie. An die Wurzel gehende Veränderung ist gefordert. Das Ego soll den Weg frei machen für die Entwicklung der Seele. Theoretisch ist Carmen klar, dass auch zu ihrem Leben Licht- und Schattenseiten gehören. Dass das jedoch nur im Kopf angenommen, gefühlsmäßig aber noch nicht umgesetzt ist, kann sie daran erkennen, dass sie jemand anderen bzw. die äußeren Umstände für ihre missliche Situation verantwortlich macht. Sie muss lernen, anderen nicht die Schuld zu geben und ihre Erwartungs- und Anspruchshaltung ihren Mitmenschen gegenüber loszulassen. Dazu ist es nötig, dass gefühlsmäßig schmerzliche Erfahrungen innerlich wirklich angenommen werden. So wird sie lernen, mit sich liebevoller umzugehen und demzufolge auch mit anderen. Und sie wird lernen, weniger von sich selbst und anderen zu erwarten.

»Drei der Schwerter« liegt im 3. Haus (Selbsterkenntnis) und ist eine von Carmens »persönlichen Karten« (siehe auch Seite 115). Sie zeigt, dass Carmen in einer für sie typischen Situation gelandet ist, um daraus zu lernen. Also ist der Thematik dieses Hauses bei der Deutung besondere Aufmerksamkeit zu schenken, damit ein altes Muster gewandelt werden kann.

Die Verteilung der Farben

Die Auslage enthält drei Kelche-Karten, zwei Münzen-Karten, drei Stäbe-Karten und zwei Schwerter-Karten. Die vier Farbreihen sind relativ gleichgewichtig in der Auslage vertreten. Das ist ein Hinweis darauf, dass die anstehende Veränderung alle Lebensbereiche betreffen wird.

Die Karten der großen Arkana

Die zwei großen Arkana, »Die Sonne« und »Der Stern« liegen auf der Eltern-Lebensplan-Achse. Das deutet darauf hin, dass jetzt die Zeit reif und günstig ist, an der eigenen Psyche zu arbeiten (um dann den Lebensplan neu zu strukturieren). So wird es gelingen, dass Carmen die Brille ablegt, durch die sie die Welt wahrnimmt, um zu einer realistischeren Betrachtung – auch der eigenen Person – zu finden. Dazu ist aber eine Aussöhnung mit den Eltern(bildern) unumgänglich. Daran kann sie für sich allein arbeiten und erst dann ist es möglich, den Eltern mit einer neuen Haltung (als erwachsene Frau) selbstverantwortlich und liebevoll entgegenzutreten. Gleichzeitig gibt sie sich damit die Chance, ihre Vorstellung von der Rolle, die sie in der Gesellschaft übernehmen will, neu zu definieren, und so wird sie zu ihrer Berufung zu finden. Dann ist es nicht mehr nötig, sich durch eine Trotzhaltung darin zu behindern, die eigenen Ziele zu erreichen.

Die Quersumme der ausgelegten Karten

Addiert man die Zahlenwerte der 12 Karten (das ergibt 74) und bildet daraus die Quersumme, so erhält man 11: Die Karte XI ist »Gerechtigkeit«. Sie ist der »Signifikator« und symbolisiert das grundlegende Thema der Auslage: Handle offen und gradlinig. Carmen kann jetzt verstehen, worin der Zusammenhang besteht zwischen den Entscheidungen, die sie bereits getroffen hat, und ihren Konflikten – ihren inneren und äußeren Konflikten. Ihre Aufgabe ist jetzt, diese zu lösen, damit sie frei für ihre weitere Entwicklung ist.

Die Deutung der einzelnen Karten

Die Deutung der einzelnen Karten bringt jetzt weitere Erläuterungen. Dabei wird immer die ganze Achse betrachtet, so dass der Zusammenhang der dazugehörenden Häuser erkennbar wird:

Die Begegnungsachse

Haus 1: »Neun der Kelche« zeigt, wie Carmen sich durchsetzt: Sie genießt ihr Leben, mit allen Sinnen. Ihre Rückendeckung ist enorm. Ihre Schätze hat sie hinter sich aufgebaut. Zwar zeigt sie, was sie alles hat. Es sieht aber nicht so aus, als wollte sie teilen. Ihre Körpersprache signalisiert, dass sie auf der Gefühlsebene (Kelche) niemanden wirklich an sich heranlässt (die verschränkten Arme der abgebildeten Person im Vordergrund).

Haus 7: Carmens Beziehungsfähigkeit erschöpft sich darin, dass sie austestet, wer der Stärkere ist, das zeigt die Karte »Fünf der Stäbe«. Meistens macht es Spaß. Es ist ein Spiel, das es zu gewinnen gilt. Gefühle haben keinen Platz.

Die Besitzachse

Haus 2: Die Karte »Zwei der Stäbe« deutet darauf hin, dass Carmen ihre Trutzburg verlassen, scheinbare Sicherheiten (Burg) aufgeben und sich dem Leben stellen muss – wenn Sie zu ihrem Selbstwert finden will. Ihre Welt (die Weltkugel, die die abgebildete Person in der rechten Hand hält) ist klein, materialistisch. Das, was sie sich bisher erarbeitet hat, sollte dafür aufgewendet werden, herauszufinden, was ihr im Leben wirklich Sicherheit bieten kann.

Haus 8: Für Carmen steht es an, den Thron zu verlassen, sich unters Volk zu mischen, auf mehr Ausgewogenheit im Umgang mit den Mitmenschen zu achten und sich als gleichberechtigt, nicht als privilegiert (wo sind meine Diener?) zu verstehen. Das sagt der »König der Stäbe« aus. Ihre Aufmerksamkeit auf das Geben zu lenken, anstatt auf das Nehmen, wird sie schnell weiterbringen in ihrer persönlichen Entwicklung. Ihren starken Willen, mit dem sie andere überzeugen will, sollte sie besser für sich selbst nutzen, für ihren eigenen Weg.

Die Kommunikations-Sinnfindungs-Achse

Haus 3: Durch ihre Art der Wahrnehmung, durch Glaubenssätze, die sie in der frühesten Kindheit übernommen hat, manövriert sich Carmen immer wieder in Situationen hinein, in denen ihre Art der

Kommunikation für andere sehr verletzend ist. Schlussendlich leidet sie selbst unter den von ihr herbeigeführten Umständen – das zeigt die Karte »Drei der Schwerter«.

Haus 9: »Fünf der Kelche« weist darauf hin, dass es Carmens Neigung ist, um das zu trauern, was unwiederbringlich verloren ist (die abgebildete Person schaut nach links, in die Vergangenheit). Im schlimmsten Fall kann dieses Selbstmitleid in Depression münden. Eine solche Lebenshaltung hindert sie daran, eine echte innere Veränderung anzustreben. Carmen fühlt sich als hilfloses Opfer. Diese Haltung kann sie erst aufgeben, wenn sie akzeptiert, dass alles, was ihr im Leben »zustößt«, in erster Linie mit ihr zu tun hat und somit eine Lernaufgabe darstellt. Hat sie das erkannt, so wird es ihr gelingen, den Kopf nach rechts (in die Zukunft) zu wenden, die verbliebenen Kelche zu betrachten und einen Schritt über die eigene Begrenzung hinaus zu tun (die schwarze Linie vor den Kelchen) – dann wird sie die Brücke und die (neue) Burg in einiger Entfernung sehen.

Die Eltern-Lebensplan-Achse

Haus 4: Hier zeigt »Die Sonne« an, dass Carmen den inneren Frieden durch den Sprung über die Mauer der Begrenzung finden kann. Altes muss sie hinter sich lassen, abschließen.

Jetzt ist es angesagt, frei und offen wie ein Kind auf das Leben zuzugehen, absichtslos, aus Freude am Leben. Die Siegesfahne, die das Kind in Händen hält, symbolisiert den Erfolg, der sich einstellen wird, sobald sie sich daran macht, alte Muster aufzudecken, um sie hinter sich zu lassen. Die Aussöhnung mit den Eltern (als Tochter speziell mit der Mutter) ist eine grundlegende Voraussetzung dafür. Sobald sie Verständnis für ihre Mutter entwickeln kann und ihre

Erwartungshaltung ablegt, kann sie sich fragen: »Wo bekämpfe ich eigene Verhaltensweisen an meiner Mutter?« Eine astrologische Beratung speziell zur Mond-Qualität im Geburtshoroskop kann hierbei hilfreich sein. Solange sie ihre Mutter ablehnt, wird sie sich bei ihrem Streben nach gefühlsmäßiger Geborgenheit immer wieder selbst boykottieren.

Haus 10: Je besser sie erledigt, was im 4. Haus verlangt wird (die Arbeit an der eigenen Psyche, den frühkindlichen Prägungen), desto leichter wird es Carmen fallen, ihren Lebensplan zu verwirklichen, ihre Berufung zu finden. »Der Stern« bedeutet, dass sie auf dem Weg dorthin frei und offen (unbekleidet) ist, voller Hingabe gibt und »befruchtet« sie aus einem unerschöpflichen Reservoir. Diese Karte steht für Carmens Bedürfnis, das Eigene zu entdecken, sie selbst zu werden, ohne Beeinflussung durch die Umwelt. Sie will außerdem lernen, Rücksicht auf andere zu nehmen, nichts zu tun, was nur auf Eigeninteresse beruht. Das ist der Weg zur Zentriertheit, zu ihrer Berufung.

Die Kreativitäts-Freiheits-Achse

Haus 5: Wie zeigt sich Carmen derzeit? Die Karte »Vier der Schwerter« zeigt 3 Schwerter (Entscheidungen), die an der Wand hängen. Auf einem Schwert liegt eine Person in meditativer Haltung. Sie weiß, dass sie eine grundlegende Entscheidung treffen muss. Sie fühlt, dass sie feststeckt und braucht deshalb Rückzug, Zeit zur Besinnung. Danach steht der Aufbau einer neuen Struktur (»Vier der Schwerter« stehen in Bezug zur Karte IV der großen Arkana, »Der Herrscher«) an.

Haus 11: Carmens Wunsch ist es, gemeinsam mit anderen Menschen, die ähnliche Bedürfnisse nach zeitgemäßen Lebensformen haben (nach Leben »aus einem Guss«, wie sie es formuliert), solche Möglichkeiten zu entwickeln. Sie will eine starke, unabhängige Persönlichkeit innerhalb einer Gruppe von anderen starken Individualisten sein. Ihr ist wichtig, selbstbestimmt inmitten der Fülle, eingebunden in die Natur ein verantwortungsbewusstes, ruhiges Leben zu führen.

Die Existenz-Transzendenz-Achse

Haus 6: »Zehn der Münzen« symbolisiert materielle Fülle. Allerdings weist diese Karte bereits darauf hin (Bezug zur Karte X der großen Arkana, »Rad des Schicksals«), dass eine Veränderung kommen wird und muss. Carmen ist gefordert, ihre starke Fixierung auf materielle Werte loszulassen. In diesem Haus wird sie damit konfrontiert, dass Veränderung notwendig geworden ist. Die äußere Veränderung hat sie bereits hinter sich gebracht, jetzt steht die innere Veränderung an. Existenzielle Fragen wollen beantwortet werden, wie etwa: »Was brauche ich wirklich und was bin ich bereit dafür zu tun?«

Haus 12: Das 12. Haus fordert auf, »Scheinsicherheiten« loszulassen, um Sicherheit in sich selbst zu finden, sich als Teil des Universums zu begreifen. Was wünscht sich Carmens Seele? Die »Königin der Kelche« verbindet sich mit ihrem Kelch (mit ihren Gefühlen) und will sie zu etwas ganz Besonderem (der Kelch hat die Form einer Kathedrale mit zwei Engeln) formen. Ihr Platz ist nahe am Wasser, sie ist völlig hingegeben. Sobald sie bestimmte Erkenntnisprozesse durchlebt hat, wird es ihr leicht fallen, im Hintergrund zu bleiben und gefühlvoll, einfühlsam und unauffällig für andere zu sorgen, ohne dafür Dank zu erwarten. Ihr Verstand weiß, dass sie nur der Kanal für die Lichtenergie ist, mit der sie arbeitet, aber das Ego drängt sich noch dazwischen. Sobald sie dankbar sein kann, dass sie Kanal sein darf, wird ihre Heilungskraft einen großen Schub bekommen.

In Kürze

Carmen steht im Moment an einem wichtigen Scheidepunkt im Leben. Das Ego ist entwickelt und jetzt steht die spirituelle Entwicklung im Vordergrund. Die äußeren Voraussetzungen dazu hat sie sich bereits geschaffen. Die innere Neustrukturierung steht kurz bevor. Sie werden bemerkt haben, dass sich dieses Thema bereits bei der Betrachtung der »persönlichen Karten« angedeutet hat.

Natürlich könnte noch weitaus ausführlicher gedeutet werden oder auch tiefer. Sie können versuchen, zu dieser Auslage selbst eine Deutung zu machen. Eventuell beginnen Sie damit, die Farben der Karten auf sich wirken zu lassen und daraus zu interpretieren, oder sie stellen jeweils den Bezug der Karte der kleinen zur zugehörigen der großen Arkana her. (»Fünf der Stäbe« hat zum Beispiel einen Bezug zur Karte V der großen Arkana: »Der Hierophant«.) Möglich ist es auch, damit zu beginnen, die Verteilung und die Kombination der Elemente bezogen auf die Häuser zu interpretieren. Es gibt die verschiedensten Ansatzmöglichkeiten. Und Sie werden nach einiger Übung sicherlich Ihre eigene Vorgehensweise entwickeln. Die Grundaussage wird jedoch stets die gleiche bleiben, egal von welcher Richtung aus Sie sich der Mitte, der Essenz der Auslage nähern.

Nach einiger Übung werden Sie erfahren, wie Ihre Intuition wächst oder anders ausgedrückt, dass Sie sich auf Ihre Intuition verlassen können. Ihrer Wahrnehmungsfähigkeit sind keine Grenzen gesetzt!

Ein paar Worte zum Schluss …

Wir haben seit den fünfziger Jahren Dutzende von Revolutionen erlebt. Ist die Welt dadurch besser geworden? Immer wieder wurden die Revolutionäre von gestern die Unterdrücker von heute und morgen. Wir können die Welt nicht ändern, wenn wir uns selbst nicht ändern. Versuche, nur im Außen etwas zu wandeln, laufen nicht nur ins Leere, sondern bewirken letztlich das Gegenteil dessen, was sie bewirken sollten. Die »leise Revolution« setzt bei uns selbst an. Bei jedem Einzelnen. Jeder von uns hat sie für sich selbst, in sich selbst zu leisten. Und es ist die einzige Revolution, die effizient, erfolgreich und in Frieden verläuft.

Woran es uns heute mangelt, das ist das Verständnis für die Qualität der jeweiligen Zeit. In der Antike unterschied man noch zwischen Kronos, dem Gott oder Prinzip der chronologischen Zeit, und Kairos, dem Gott der Zeitqualität. Alles zu seiner Zeit … (siehe Prediger 3, 1–8 zu Beginn dieses Buches). Solange wir davon ausgehen, dass Zeit Geld ist, sind wir weit davon entfernt, mit und in der Zeitqualität zu leben. Diese fordert von uns bestimmte (Lebens-) Aufgaben, die wir bewältigen müssen; wie etwa Erwachsen- oder Alt-Werden. Wer versucht, sich davor zu drücken, bleibt in der Angst davor stecken. Nehmen wir die Angst aber an und meistern sie, so bedeutet das einen Entwicklungsschritt, und lässt uns ein Stück reifen. Alles Neue, Unbekannte, Erstmals-zu-Tuende hat den Reiz des Neuen, weckt Lust am Abenteuer, Freude am Risiko … und Angst.

Da uns das Leben immer wieder in Neues, Nichtvertrautes führt, tritt natürlich immer wieder Angst auf: immer dann, wenn alte, vertraute Bahnen verlassen werden müssen, wenn neue Aufgaben zu bewältigen oder Wandlungen (Haus 8) fällig sind. Wenn Ängste auftreten, ist das ein Hinweis für uns, dass Entwicklungsschritte anstehen. Auszuweichen ist eine Niederlage, die uns schwächt. Nehmen wir die Angst aber an und versuchen, sie zu überwinden, dann wächst uns neues Können zu – und das macht uns stärker. Erwachsen-Werden fordert, dass wir uns aus kindlichen Verhaltensweisen lösen und selbstverantwortlich leben. Alt-Werden fordert, dass wir uns mit der eigenen Sterblichkeit auseinander setzen. Verantwortung für das eigene Handeln selbst zu tragen, Tod und Sterben ins Leben einzubeziehen haben in unserer Spaß-Gesellschaft wenig Platz. Deshalb ist der Einzelne aufgerufen, dies aus eigener Erkenntnis heraus zu tun, damit er frei und glücklich leben kann.

1981 publizierte Rupert Sheldrake seine Theorie des »morphogenetischen Feldes«. Solche Felder, die sich ohne materielle Grundlage und vor allem, ohne den Gesetzen der kausalen Logik zu folgen, durch Raum und Zeit fortpflanzen, sprengten damals noch unseren Denkrahmen. (Literatur zu diesem Thema siehe unter »Büchertipps«, Seite 133.) Viele Dinge lassen sich allerdings vor dem Hintergrund dieser Theorie erstmals befriedigend erklären. Allgemein ist längst bekannt, dass der erste Schritt immer der schwerste ist. Das könnte uns dazu ermutigen, neue Pfade zu gehen, so dass daraus gangbare Wege entstehen … und das ganz im Sinne der folgenden Geschichte von Nasruddin, dem türkischen Eulenspiegel:

Beim abendlichen Heimweg hatte Nasruddin seinen Hausschlüssel verloren. Er suchte und suchte und konnte ihn einfach nicht finden. Sein unentwegtes Suchen erregte die Aufmerksamkeit seiner Nachbarn, und so gesellten sich einige von ihnen zu ihm, um ihm dabei zu helfen. Doch auch ihre Bemühungen waren vergeblich. So fragte ein Helfer Nasruddin endlich, wo ungefähr er glaube, den Schlüssel verloren zu haben.

»Ach, das war dort drüben!«, sagte der Mullah mit verblüffender Sicherheit und wies auf einen dunklen Winkel nahe beim Haus.

»Und warum suchen wir dann hier?«, fragten erbost die Nachbarn.

»Weil es hier hell ist«, erwiderte Nasruddin.

Nasruddin spiegelt den Menschen ihr Verhalten, weist auf dessen Absurdität hin. Wer Stimmen in sich und außerhalb von sich ungehört lässt, wird den Schlüssel für sein Problem leider weiterhin am falschen Ort suchen – nur weil die Suche dort bequemer oder einfacher ist (und obwohl er weiß, dass er dort nicht fündig werden kann!).

Ich wünsche Ihnen von Herzen, dass Sie mehr und mehr den Mut finden, Lösungen dort zu suchen, wo Sie die Chance haben, sie auch zu finden ... und *TarAstro* wird Ihnen dabei helfen. Denn im Grunde genommen ist alles ganz einfach, sobald wir es geschafft haben, alte Standpunkte zu verlassen.

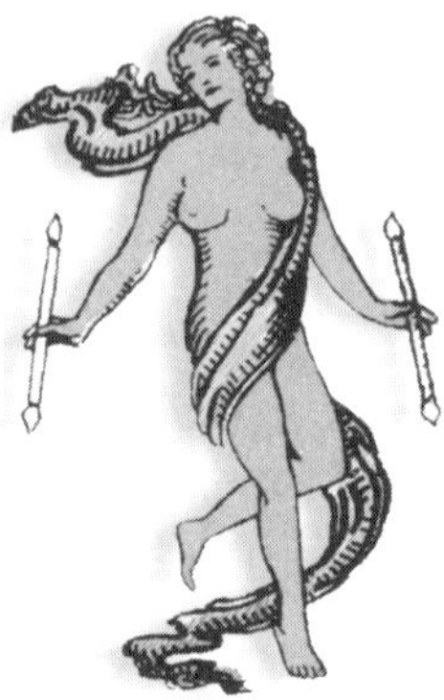

ANHANG

BÜCHERTIPPS

Banzhaf, Hajo: *Das Arbeitsbuch zum Tarot.* Hugendubel, München 2000. (Banzhaf zeigt die unterschiedlichen Deutungsmöglichkeiten für eine Karte auf den verschiedenen Plätzen eines Legesystems auf.)

Banzhaf, Hajo: *Das Tarot-Handbuch.* Goldmann, München 1998.

Burghardt, Marlies: *Tarot und Lebensbaum.* Droemer Knaur, München 1993.

Cherubini, Günther, und Wolfahrt-Zundel, Heidi: *Lilith. Der geheimnisvolle Planet.* Droemer Knaur, München o. J.

Colegrave, Sukie: Yin und Yang. *Die Kräfte des Weiblichen und des Männlichen. Eine inspirierende Synthese von westlicher Psychologie und östlicher Weisheit.* Fischer Tb, Frankfurt/M. 1984.

Dethlefsen, Thorwald, und Dahlke, Rüdiger: *Krankheit als Weg. Deutung und Be-Deutung der Krankheitsbilder.* Goldmann, München 2000.

Fromm, Erich: *Haben oder Sein. Die seelischen Grundlagen einer neuen Gesellschaft.* dtv, München 1998.

Gadamer, Hans-Georg: *Erziehung ist sich erziehen.* Kurpfälzischer Verlag, Heidelberg 2000. (Gadamers Gedankengut ist hilfreich bei der Auseinandersetzung mit der Eltern-Lebensskriptachse Haus 4 – Haus 10.)

Fox, Matthew / Sheldrake, Rupert: *Engel, die kosmische Intelligenz.* Kösel Verlag, München 1996.

Hamp, Vinzenz; Stenzel, Meinrad, und Kürzinger, Josef: *Die Heilige Schrift des Alten und Neuen Testamentes. Erstkommunionsbibel.* Pattloch Verlag, 1993.

Kibed, Prof. Dr. Matthias Varga von, und Sparrer, Insa: *Ganz im Gegenteil – Tetralemmaarbeit und andere Grundformen systemischer Strukturaufstellungen – für Querdenker und solche, die es werden wollen.* Karl-Auer-Systeme Verlag, Heidelberg 2001.

Klein, Nikolaus: *Das Arbeitsbuch zur Astrologie.* Hugendubel, München 1996. (Eine leicht verständliche Einführung in die Deutungslehre der Astrologie und die Strukturdeutung zum Selbststudium)

McLean, Penny: *Einsamkeit ist eine Sehnsucht.* Peter Erd Verlag, München 1990.

Meyer, Hermann: *Befreiung vom Schicksalszwang. Astropsychotherapie.* Edition Astrodata, Wettswil/CH o. J. (Der Autor vermittelt anhand der psychologischen Astrologie eine interessante, zeitgemäße und vor allem ganzheitliche Betrachtungsweise der menschlichen Selbstverantwortung.)

Nichols, Sallie: *Die Psychologie des Tarot. Tarot als Weg zur Selbsterkenntnis nach der Archetypenlehre C. G. Jungs.* Ansata, Interlaken 1996.

Re-Viewing Assumptions. Eine Debatte mit Anne Anceline Schützenberger, Bert Hellinger und Rupert Sheldrake über Phänomene, die unsere Weltsicht in Frage stellen. VHS-Kassette, Carl-Auer-Systeme Verlag, Heidelberg 1999.

Riemann, Fritz: *Grundformen der Angst. Eine tiefenpsychologische Studie.* Ernst Reinhardt Verlag, München/Basel 2000.

Rosenberg, Alfons: *Durchbruch zur Zukunft. Der Mensch im Wassermann-Zeitalter.* Turm-Verlag, Bietigheim o. J.

Rudyar, Dane: *Astrologie und Psyche. Das Selbst im Spiegel des Kosmos.* Chiron, Mössingen 1998.

Schmid, Wilhelm: *Schönes Leben? Einführung in die Lebenskunst.* Suhrkamp Tb, München 2000.

Schuldt, Arthur: *Astrosophie als kosmische Signaturlehre des Menschenbildes,* in 2 Bden. Turm-Verlag, Bietigheim 1994.

Sheldrake, Rupert: *Das schöpferische Universum. Die Theorie des morphogenetischen Feldes.* Ullstein Tb, München o. J.

Tietzke, Henry G.: *Entschlüsselte Organsprache. Krankheit als Ausdruck der Seele.* Droemer Knaur, München 1993.

Zingsem, Vera: *Lilith, Adams erste Frau.* Reclam, Leipzig 2000.

Kontaktadresse

Folgende Seminare bietet Rosmarie Kärtner:

Ausbildung

I. »Zertifizierte Tarot-Beratung«

1. Philosophische Grundlagen
2. Theoretische Grundlagen

3. Praktische Übungen
4. Prüfung

Weiterbildung

II. »Zertifizierte *TarAstro*-Beratung«

1. Grundlagen der Psychologischen Astrologie
2. Das Häusersystem
3. *TarAstro*
4. Prüfung

und außerdem:

Tages-, Wochenend- und Wochenseminare, Ferienseminare, in den Bereichen »Tarot«, »*TarAstro*« und »Psychologische Astrologie« und ein Seminar zum Thema »Horoskopaufstellung« sowohl für Astrologen als auch für Nichtastrologen (*TarAstro* mit Karten ist sozusagen der Einstieg in die Konfrontation mit sich selbst – hier ist man allein. Ein nächster Schritt könnte darin bestehen, dass man sich selbst von einer Gruppe von Menschen nach diesem System aufstellen lässt: Hier werden die Karten durch Menschen verkörpert. Zuerst wird bei dieser Methode Klarheit über den Ist-Zustand geschaffen, dann werden »heilende Bilder« erspürt und Entwicklungsmöglichkeiten erkannt und es wird ein morphogenetisches Feld dafür geschaffen.)

Veranstaltungsorte sind Walldorf in Baden-Württemberg, Bayrischer Wald, Bali (Indonesien).

Sollten Sie sich für eine Ausbildung oder ein Seminar interessieren, so wenden Sie sich bitte an

TarAstro
Rembrandtstraße 8
69190 Walldorf
Tel.: 06227/61333
Fax: 06227/61336
E-Mail: TARASTRO@gmx.de
Internet: www.Tarastro.de

Dank

Für die Verwirklichung von *TarAstro* in der vorliegenden Form möchte ich mich in erster Linie bei Erika Schuler-Konietzny für die verständnis- und liebevoll Begleitung bedanken. Ein Dankeschön an Martina Klose für die sprachliche und strukturelle Feinarbeit und die vielen Denkanstöße. Vielen Dank auch an alle im Verlag Hermann Bauer, die bei der Herstellung mitgewirkt haben. Herzlichen Dank an Ludwig – in Heidelberg als »Musebrot« bekannt. Er hat mir in Windeseile jede Information aus seinem unglaublich breiten literarischen Wissen zur Verfügung gestellt. Meinem Mann Josef möchte ich besonders dafür danken, dass er mir mit aufbauender Kritik zur Seite stand, als ich *TarAstro* von einem Seminarmanuskript in die jetzige Form umgewandelt habe. Für mich, die ich gewohnt bin, allein zu arbeiten, war die Zusammenarbeit in dieser harmonischen Art und Weise eine schöne Erfahrung.